好员工才难管

陈珺安◎著

北京大学出版社
PEKING UNIVERSITY PRESS

著作权合同登记号 图字：01-2014-7092

图书在版编目（CIP）数据

好员工才难管／陈珺安著．—北京：北京大学出版社，2015.5
ISBN 978-7-301-25432-5

I.①好… II.①陈… III.①企业管理–人事管理 IV.①F272.92

中国版本图书馆CIP数据核字（2015）第018073号

本书中文繁体字版本由风向球文化事业有限公司在台湾出版，经北京汇智光华书刊发行有限公司安排由北京大学出版社在中国大陆地区出版其中文简体字平装本版本。该出版权受法律保护，未经书面同意，任何机构与个人不得以任何形式进行复制、转载。

书　　　名	好员工才难管
著作责任者	陈珺安 著
责 任 编 辑	刘　维　王明旭
标 准 书 号	ISBN 978-7-301-25432-5
出 版 发 行	北京大学出版社
地　　　址	北京市海淀区成府路205号　100871
网　　　址	http://www.pup.cn　新浪官方微博：@北京大学出版社
电 子 信 箱	zpup@pup.cn
电　　　话	邮购部 62752015　发行部 62750672　编辑部 65031652
印 刷 者	北京雁林吉兆印刷有限公司
经 销 者	新华书店
	787毫米×1092毫米　16开本　10印张　100千字
	2015年5月第1版　2015年5月第1次印刷
定　　价	35.00元

未经许可，不得以任何方式复制或抄袭本书之部分或全部内容。

版权所有，侵权必究

举报电话：010-62752024　电子信箱：fd@pup.pku.edu.cn

图书如有印装质量问题，请与出版部联系，电话：010-62756370

CONTENTS 目录

序　好主管其实没有那么难当　01

一 | **职场环境各不同，主管要像变色龙**
　　主管必须像变色龙，你需要依场合变换不同的颜色，随着不同场合更换面具，但这并不意味着你是个伪君子。其实变换的每一面都是你，你只是为了对应处理问题时应有的态度，而改变自己的个性而已。　(001)

二 | **实事求是展未来，主管说话要诚实**
　　很少人会喜欢"没有发展性的工作"，但我们也不能否认，不论在哪一家公司，都可能存在这样的工作。当你雇用任何人或慰留员工的时候，必须诚实地向对方说明工作的发展情况，千万别以"因人而定""工作可以无限发挥"这类的借口敷衍对方。　(009)

三 | **选择、训练和领导，管理基石不动摇**
　　马隆似乎遇到了十分棘手的问题。他各个部门的手下在工作上都出了纰漏。他应该开除他们，然后另外招聘新人吗？
　　如果你是马隆的上司，你是否会跟马隆建议——裁掉他们，重新找人？或者，你会直接开除马隆？　(021)

四 | 新任主管有原则，强硬之后显温和 (037)

比利当初是高层设定的业务部经理人选之一，但因为他说话刻薄，高层担心他会因此而树敌，所以最后决定擢升哈登。

在哈登召开的第一次销售会议上，所有人都注意到，他刻意冷落比利，而比利则企图破坏这次的会议。大家都嗅到了一股火药味——比利和哈登即将爆发一场冲突。每个人都等着看哈登会如何应付比利的挑衅。

五 | 理解"老鸟"心中想，年轻主管勇担当 (051)

戴维是年轻的主管，他一直生怕会遇到自己带不动资深员工的问题。幸运的是，此前他都能用机智及权威化解这类问题。

直到有一天，他与为公司服务30年的罗德出现了很严重的分歧，而且已严重到可能危及公司整个流程体系。于是戴维忍不住告诉罗德，他才是服务部经理。

六 | 主管应为指挥者，主控大局不懦弱 (063)

马克需要掌握权力才能带领、训诫下属，但他又无法带动、训诫高修。马克在高修面前失去了权力，可见，高修才是那有权力且重要的人。高修知道自己有多厉害，对部门里甚至整个公司的价值有多高，任何像高修一样厉害的业务员都会有这种感觉。如果马克和高修要进行一场权力比赛的话，知道内情的人都会把赌注压在高修身上。

七 | 激励员工有诀窍，引导下属步正途

没有外出为公司冲业绩，这可能才是比尔真正做错的地方。至于"里程数"的问题，老实说，员工贪公司一些小便宜、窃用一些私人费用，这种情况不是很常见吗？有些业务员会假借出差、拜访客户的借口出外旅行，这不也是众所皆知的事情吗？

（085）

八 | 调查数据全面掌，主管方可列罪状

"他们都认为你是个'完美先生'。问题是，我要的是勇于开拓的业务员，而不是'完美先生'。康纳，你的确有优点，但是你没主见，你很害怕拜访客户，一个业务员如果害怕拜访陌生人，就称不上是业务员，所以我想你并不适合这份工作。"

（103）

九 | 确认能力及动机，再委重任给员工

苏菲在宝琳的手下工作已经5年，她称不上是个厉害角色，但的确是个努力又有竞争性的下属，最近，宝琳把她升职为部门主任。

坐上主任位子没多久，苏菲便开始后悔了，因为她指挥不动几名手下。为了这件事，宝琳几次约谈她，她每次都保证一切都没有问题，但其实她是把小组的大部分工作带回家独自完成。

（115）

十　人情薄凉"新时代"，忠诚员工何处来

泰瑞是你最优秀的员工。你在 5 年前亲自录取、训练他，还一路提拔他。他受到高层赞赏，也是你更上一层楼的最大幕后力量。某天，他对你说他会跳槽到竞争对手那里。他说："格利企业提供我非常好的条件，我的未来就在那里。"

泰瑞离开办公室后，你可能会感慨："这个年头，难道员工的忠诚都已经不存在了吗？" 129

十一　如果是你雇用他，就得亲自开除他

高曼，当他被录取到那个不适合他的位子时，他只有 29 岁。因为主管的仁心，他被留了 4 年。4 年过去，但他却没有比 4 年前做到更好，而是一直停步不前。现在，他已经 33 岁了，很难与二十几岁的年轻小伙子竞争。

主管当初那样对待高曼，真的是仁慈吗？ 137

后记　这就是主管　149

PREFACE 序
好主管其实没有那么难当

主管，就是管理一群人的人。

如果你只是负责管理公司的机器、档案或仓库的存货，那你就不能算是一位主管。因为这些工作不会有什么变化，并不需要特别花心思去管理，它们基本上就在那里。它们也许需要你花体力与时间，去计算、整理、归类、安排、看守、监视、保养或维修，但它们并不需要管理。

只有"人"才需要管理；只有管理人群的人才能真正被称为主管。

如果你是一位主管，那么相信在你的工作中，每天都需要接触与"人"相关的事情。你可能透过会议、讨论、面谈与聊天等方式去了解这些人；并且利用语言或文字，向他们表达赞美、鼓励、劝慰、教导、训诫等意念。

你的工作内容可以分为两个部分：一是管理"人"，二是提出政策与工作流程、权限与责任、工作规范与目标。

不过，在本书中，我们所关心的重

点,并非政策与工作程序,而是有关"人"的部分。我们假设你已经对你所管理的下属设下预期的标准,接下来要做的是,你要如何达成及维持这些标准。

本书运用实例,说明"人"应该如何管理及被管理。书中所列举的案例大部分都实际发生在职场中。我们将依据这些故事,分析其中的主管所遭遇的问题,以及他们所做的决定。

通过分析我们将会看到,在面临不同背景文化及人格特质的下属时,因为缺乏耐心、缺乏方向感、不主动积极等,而对公司管理规则与决策产生的巨大影响。

在本书中,你将会看到主管们:
◎ 如何用尽心思地试着为个性胆小的下属打气;
◎ 如何不留情地铲除不合群的下属;
◎ 如何机智地对付令人头痛的"油条""老鸟";
◎ 如何明察暗访挖掘真正的问题;
◎ 如何处理下属突然发生的问题……

在这些案件中,你都可以用旁观者的角度,观看主管和其下属之间的故事演进。当然,在每个情节转换时,你都可以叫暂停,好好地思考并质问故事中的主管是否有效地解决了问题,以及你认为他还可以有哪些更好的选择?

或者，通过学习故事中主管们的技巧，可以让你在面对各式各样的下属时，让他们服从你的领导，同时又不会被他们骑到你的头上。

恭喜你，拥有一份世界上最刺激、紧张的工作——管理人群。好好享受你的工作生活吧。

一　职场环境各不同，主管要像变色龙

▶

> 主管必须像变色龙，你需要依场合变换不同的颜色，随着不同场合更换面具，但这并不意味着你是个伪君子。其实变换的每一面都是你，你只是为了对应处理问题时应有的态度，而改变自己的个性而已。

好主管是全方位的，有能力领导任何一种类型的下属，而且还可以在不同的时候看到他们优异的表现。在带领下属时，好主管会灵活地依环境的不同需要，态度轻松地恭维和批评，或适时地赞许与斥责。

作为主管，必须像变色龙，依场合变换不同的颜色，但这并不说明你是个伪君子。虽然你需要随着各种场合更换面具，但其实每一面都是你，你只是为了对应处理问题时应有的态度，而暂时改变自己的性格。

总之，如果你想要成为一个好主管，你就得必须依据场合以及目的去调整、改变你的性格。例如，你天生可能就是个务实且直言不讳的人，这样的性格在某些场合也许非常受欢迎，但在另一些场合里就会变成一场灾难。

好主管要像变色龙。以下的例子就是最好的证明。

一位业务主管花相当长的时间，让他部门里的一名业务员适应整个部门的标准作业程序。他十分肯定这位业务员的能力，但是一想到他在文书作业、售后服务、准时度、处理客户抱怨等方面的表现，主管就感到头痛不已。

终于，主管决定要改掉这位手下强将的那些坏毛病。他把这个业务员叫进办公室，并且趁着他还未现身之前，先浏览一下他的档案。看着档案，主管想起过去自己曾经无数次地想要修正这个业务员的毛病，但最后都徒劳无功。他越想越生气。当业务员敲门进入办公室时，他的心里已经做好准备等着他。

一如往常地，这名业务员不经允许，就径直往椅子里坐去。

"怎么了，托尼？"业务员不以为意地问道，一边顺手掏出一支雪茄。

"谁准你坐下的？站好，不准抽烟。"

业务员被主管冰冷严厉的语调吓了一大跳，他的主管过去从不曾用这种语调跟他说过话。他僵坐在椅子上，吓得一动也不动。

"你听到了吗？站好！我没叫你坐下，你就不准坐下。"主管几乎快被气炸了，他拿起卷宗用力扔向业务员。"你自己念念看。一页一页地念。"见到业务员正要辩解，他大吼："闭嘴！赶快念！"

这个业务员将他所有的缺失一一念过，当他念完最后一页时，主管厉声地说：

"现在你听好，从今天起，我要你30天内都要表现良好。在这30天内，如果我听到任何一个客户抱怨，或者只要你晚5分钟确认表格，或是数据有任何不足，你就被开除了！"

业务员看着主管，傻傻地点着头。

"不管你的业务上出现任何错误，我都会认定是你的错。若是任何一批货误期，或是出现呆账，甚至是你的车出现刮伤，我全都当成是你的错，而且会立刻开除你。30天后，我要你整整齐齐、干干净净地再回到这间办公室。现在你给我滚出去。"

业务员一离开，主管便坐了下来。他感觉口干舌燥，心脏狂跳，双手还不停地颤抖着。他觉得刚刚根本就不是他在说话，因为他是个性情很温和的人，平时与下属之间直呼彼此名字，和下属的相处一直很愉快，从来不会与下属怒火相向。

刚刚红着眼睛、破口大骂的人根本就不是他。他那时就是一个戴上面具的人。

这次的意外情绪失控，令他自己与这个业务员都深感震惊。他怒吼的话语似乎还在办公室中环绕着，那种情景犹如他在瞬间由上帝变成撒旦。

接下来的几天，这个业务员做起事情来都小心翼翼的。

一个月后，业务员依照主管的要求回到办公室。这段时间他表现得宜，而主管此时的脾气也控制得很好。他请业务员坐下后，语气温和且慢条斯理地对他说：

"很好，你这个月表现得不错！其实，你本来就可以做到的。我要你下个月继续保持下去。就这样！"

两个星期后，这个业务员的太太来拜访这位主管。她双眼含着泪水，声音颤抖地感谢他救回她的老公。显然，在经过那次的晤谈后，这个业务员的工作态度与生活目标都有了改变。他的太太甚至坚称这位主管挽救了他们的婚姻。她说：

"他变得完全不一样了，这都得感谢你！你把他痛骂一顿，那正是他最需要的。真的非常谢谢你。"

她说完话后，将一个小包裹交给主管，然后离开办公室。包裹里面是一只银制烟斗以及一张签名的感谢卡！

珺 安 点 评

这个故事并不是要强调这位业务主管管理特殊下属的技巧。毕竟这个业务员的反应有可能是：

"你以为你是谁啊？当个主管就很了不起吗？你那么厉害的话，你就自己去做啊，我不干了！"

如果业务员是这样的反应，那么这个主管就失败了。这个例子的重点是，如果你想要当个成功的主管，就必须根据目的与环境的需要，改变你的性格。就好像例子中的主管，当时的他必须换一副面具去面对下属，虽然那并不是他的本性。

说真的，当你在你的部门中发现害群之马时，你该怎么做？

当你发现所买的一篮橘子里面有一颗坏的时，没问题，把它挑出来就可以。但当团体中有"坏"员工时，你也只是开除他们吗？当然可以，但如果只是这样做，又可能衍生出另一个问题——被开除的人所留下的职务空缺需要你想办法来填补。而且团队中有成员被开除，也会影响到这个团体的整体工作氛围。

举个例子，有位工人在操作机器时双手遭到机器碾压。医生仔细检查后，宣布伤势太严重，这时，主治医生可以选择最不麻烦的方式——截肢并仔细缝补伤口，但毫无疑问的，这是很糟糕的选择。相对的，如果医生表示也许还有挽回的空间，也就是说，可以利用足够的骨头、肌肉组织和细胞进行修补。那么，他接下来的问题就是"该怎么做"，而这就考验他的技巧了。

珺安小结

如果你想要成为一个好主管，你就得必须依据场合以及目的去调整、改变你的性格。例如，你天生可能就是个务实且直言不讳的人，而这样的性格在某些场合也许非常受欢迎，但在另一些场合里就会变成一场灾难。

能力强的下属也会存在问题，他会让你头痛。而且你往往更难控制他，因为他有时更容易失控，但你却无法否定他在工作上的好表现。面对这样的下属，就是你表现一个主管价值的最佳地方。

二　实事求是展未来，主管说话要诚实

▶

> 很少人会喜欢"没有发展性的工作"，但我们也不能否认，不论在哪一家公司，都可能存在这样的工作。当你雇用任何人或慰留员工的时候，必须诚实地向对方说明工作的发展情况，千万别以"因人而定""工作可以无限发挥"这类的借口敷衍对方。

长期以来，东利的销售成绩都是部门的第一名。他受过相当好的教育，穿着得体，拥有两家高尔夫球俱乐部的会员卡。他娶了一位富家千金，老婆经常登上名流社交版。公司里的其他业务员相当尊重他，对于他的点子也特别看重。

东利认为，他很快就会坐上经理宝座，而且他会表现得比现任经理更好。虽然他没有对任何人这么说，但他的举止已说得明明白白。开业务会议时，他嚣张的程度让其他同事都搞不清楚，到底是他还是经理在主持会议。

东利口才极佳，也十分具有说服力。他常常未经经理同意，就直接走进经理的办公室，大大方方地坐下来和经理讨论销售策略，完全无视经理是否有访客或正和其他同事讨论事情。在同事看来，东利简直已经爬到经理的头上了。

不过，情势显示，东利没有升迁的机会，所以最近他变得敏感且没耐性。

了解到东利的情绪，经理志伟把东利叫进办公室。

东利和以前一样，没有敲门就走入经理办公室，也没和经理打招呼就坐下来开始说话，好像那是他自己的办公室一样。

东利："志伟，你相信吗？我刚打完电话，我们的合作伙伴庄老板想要把那款型号100的净水器订单给我们的对手琼森公司。"

志伟："琼森接了那批净水器的订单了吗？"

东利："没有。但是如果你看过型号100净水器的运作情况，你就会了解。"

志伟："好了，那不是我现在想谈的。"

东利："但那很重要。志伟，也许你应该想到庄老板的动作，我知道你很难向产品部报告，但只要你跟副总说……"

志伟："东利，我现在不想谈庄老板。我要谈的是你，你先坐下。"

东利："我怎么了？"

志伟："你怎么了？你最近表现不好。怎么回事？"

东利："表现不好？什么叫表现不好？"

志伟："我是指你扰乱人心。你不用告诉我你刚刚打电话给庄老板，因为庄老板刚才打电话给我，向我抱怨你在他手下面前责骂他。"

东利："乱讲！我并没有骂他。"

志伟："还有，昨天我的客户陈小姐经过我们公司时，进来告诉我，说你弄哭她的一名女职员。你不但打断那位女职员的工作，还恫吓她……"

东利："我打个岔。志伟，那个女孩在给我们录入报价单时，犯了3个严重错误，那笔订单的价值……"

志伟："你可不可以闭嘴并且听我说？"

东利紧抿双唇看着窗外。

志伟："你到底怎么了，东利？你以前不会这样呀！你一直以来和大家都相处得不错，同事们也都很尊敬及喜爱你，但是最近我老是听到同事们对你的不满及抱怨。"

东利仍然沉默。

志伟："还有一件事，现在是9月中旬，一般而言，你的销售业绩会比上季度提高一些，但是这次你的业绩却明显跌落，这是怎么回事？当我看到这种事情发生在我最优秀的业务员身上时，我实在很担心。可以告诉我发生什么事了吗？也许我能帮忙。"志伟的口气变温和许多。

东利依然保持不动。

志伟本来想继续说，但随即闭口。

终于，东利叹了一口气，用手揉揉眼睛，然后冷漠地开始面对志伟。

东利："志伟，你唯一能帮我的就是立刻死掉。"

志伟："什么？"

东利俯身向前，将紧握的双拳压在桌上。

东利："死掉，不然就移民。志伟，我唯一的问题就是，我坐错了位子。"

志伟："什么意思？"

东利："我要你的职位。这就是我的意思！我已经准备好了，而且我知道我可以胜任。你是做得不错，尤其是在行政管理方面的工作，但是我知道我可以做得更好。至于人际关系方面……"

志伟："人际关系方面……你可以做得更好，是吧！"

东利："当然。我待人很有一套，那是我的优点之一。"

志伟往后躺向椅背，并举起他的双手。

志伟："你指的是，今天早上你对庄老板，还有昨天对陈小姐的女职员的情形吗？拜托！那根本就说不通的。东利，我们好好谈谈吧。我知道你想升迁，但是……"

东利："志伟，那不是我想不想、喜欢不喜欢的问题。那是我应得的。看看我的业绩表现，我帮公司赚的钱比任何一个业务员都多。我让公司在短短的 18 个月内，由赤字变盈余。我把型号 95 的净水器成功打入市场，还打败难缠的对手。我还……"

志伟："够了。东利，我是业务经理，我非常清楚你的战绩，你并不需要再告诉我你的销售能力有多好。你的确是一名优秀的销售员，但谁说你会是一个好的管理者？你以前并没有管理经验？"

东利用力敲打桌子，以控诉的口吻质询："如果我一直当业务员，又怎会有管理经验呢？那你告诉我，在你坐上业务经理的位子之前，你又有多少管理经验呢？"

志伟："好的。你也许是对的。那么你希望我怎么做，东利？除了死掉、移民之外，还有其他办法吗？我总不能像你现在一样，跑去跟我的上司库克先生说'你去死掉或移民，好让我可以坐上你的位子吧'。"

东利："你还有另一条路可以选择。"

志伟："哪一条？"

东利："离开公司。"

志伟："你不是认真的吧！"

东利推开椅子站起来说："不然你有更好的办法吗？库克先生稳稳地坐在那个位子上，而且距离退休时间还早！你若无法坐上库克先生的位子，我就没有机会升职。你想想看，我老婆会喜欢跟她朋友说，她先生只不过是个小业务员？更何况，再过两年我就30岁了。我不能继续在这里虚耗了。"

珺安点评

从这段故事，我们可以整理出以下3个问题：

◎东利是一名优秀的员工，但他在工作上遇到了严重的问题——升迁之道受阻；

◎东利也面临个人问题——他正承受来自他名媛老婆施加

的巨大压力，他希望满足她的期待当个经理；

◎东利感受到年纪对他职业生涯的威胁。

如果你是业务经理志伟，你想要留住东利的话，该如何处理东利的问题呢？以下6个选择是不是好的解决方法？

◎将问题丢给你的上司库克先生，让他想办法留住像东利这样的优秀人才；

◎为东利设个好听的头衔，例如"某工作区主管"之类的，但他目前的工作内容不会改变，如此至少能够满足东利老婆的期待；

◎告诉东利，你同意他的说法。但现实就是如此，他必须接受现状；

◎告诉他28岁并不老，要耐心等待，迟早他都会升职的；

◎告诉他，你深信他未来的发展是在销售上而非管理上，当一个业务员并没有什么不好；

◎告诉他，别鬼叫、别烦你，最重要的是别再激怒人群，要不然会让他好看。

这6种选择有可能让东利乖乖地留下来吗？我们来看看这6种解决方案的可能结果：

◎就像你总不能每次不做功课时，就把功课丢给爸爸做一样。你是业务经理，东利是你的下属，解决东利的问题原本就是你的职责；

◎东利并不是笨蛋，他分得清楚你是真的要让他升职，或者只是随便弄一个虚位来敷衍他；

◎要求东利接受现状，不然就忍气吞声，这是控制东利的手段；

◎让东利觉得他还年轻，事情没有他期待的那么快发生，这是安抚、拖延手段；

◎告诉东利，当销售员没有什么不好。这样的解决方式只会加深你们之间的不愉快，因为他已经将你视为问题的一部分；

◎毫不留情地压制他，让他主动离开公司，但你同时也会面临重新招募人员的问题，而且你未必能够再找到一个像东利这样的业务高手了。

所以，以上的6种选择全都不够理想，对吧！也许你应该做的是检视事实：

◎东利的专长是销售而非管理，但就他的态度及行为进行评估，他的确可以成为一个好的领导者；

◎因为东利的销售能力以及未来可能的领导力，你是否希望竭尽所能地留住他？

◎在东利强烈表达期望之后，你是否有任何升迁渠道给他？

◎东利在得知没机会升迁之后，是否仍愿继续留在公司工作？

志伟听了东利的话，对他这样说：

"东利，你展望你的未来是很自然的。只是，有时候当我们这样想时，未来就变得更看不清楚。我们不能以我们想要的方式去看未来。现在，你觉得除非坐上我的位子，否则你在这家公司不会有前途。但是如果你回头看看4年前，就会发现这4年来我们的业绩已经成长100%。4年前你加入我们公司时，我们才只有4个销售员，但现在已有7个了。如果我们的业绩继续成长，产品种类增加，产品领域也扩大了，迟早我们都得把业务部一分为二。到那个时候，就会有另一个经理位子出现，同时第一线也会需要一个地区领导。虽然没有人能保证这一切一定会发生，但是东利，难道你不乐见其成吗？当这一切发生时，你认为谁最有资格坐上经理的位子？当然是那些有能力创造业绩的人，就像现在的你。"

志伟的说法虽然没有提供任何保证或承诺，但却极有说服力，对未来的发展感觉也很乐观。

东利回去想了又想，几天后，他的答复是，他决定静观其变。表面上看起来，志伟似乎已经解决了问题。

但8个月后，东利递出了辞呈，并拒绝再和任何主管讨论此事，因为他得不到主管任何具体的承诺，也无法抱着一个"想象美好的未来"继续工作下去。

显然，志伟并没有圆满解决问题，因此无法留住优秀人才。

珺安点评

在与东利的晤谈中，志伟也许受限于职权的关系，无法对东利做任何的鼓舞性的承诺，但他其实还是可以更有技巧地处理这件事。

对于东利的问题，其解决方法是"说起来容易、做起来难"，即当你雇用任何人或慰留员工的时候，必须诚实地向对方说明，这份工作能发展到什么境界，或是说明升迁需要多久时间。千万别以"因人而定""工作可以无限发挥"这类的借口敷衍对方。

当了解你现在提供给下属的工作不具发展性，或发展已经达到一个界限时，你在当下就该诚实告知下属，承认它是没有发展性的工作，让他们知道这个职位现在的情形，以及将来的发展。

当然，很少有人会喜欢"没有发展性的工作"，但我们也不能否认，不论在哪一家公司，都可能存在这样的工作。再者，如果你看看四周，相信你会发现有很多人（不管多优秀），都不可能从他目前的位子升迁。世上总会存在没有发展性的工作，而也总会有一些人愿意做这份工作。

有些主管面对这个问题时，会用力摇头且语气肯定地说："我们公司没有这种'没有发展性'的工作，在我们这家公司，只要愿意努力，任何人都可以成为总裁。"

的确，你也可以赢得马拉松，只要你的一半对手迷路，另一半对手丧失记忆，你就有可能拿到比赛冠军，只是这样的概率几乎是零。

珺安小结

东利的公司是一家小但高度专业化的公司，事实上，它的高层就只有库克先生一个人。这是一间小型企业，没有分公司、分行和分布在各地的部门。要在这种规模的公司给东利一个与其期待相符的职位，恐怕有困难，而这也正是为什么，人们喜欢选择部门庞杂、分部很多的大公司的原因。

所以，招聘或慰留员工时，要诚实告诉对方工作的发展性。别愚弄人，更别愚弄自己，这才是最好的选择。

三　选择、训练和领导，管理基石不动摇

> 马隆似乎遇到了十分棘手的问题。他各个部门的手下在工作上都出了纰漏。他应该开除他们，然后另外招聘新人吗？
>
> 如果你是马隆的上司，你是否会跟马隆建议——裁掉他们，重新找人？或者，你会直接开除马隆？

马隆是东宝电视公司的分行经理。坐上总行经理的位子是他的梦想之一，此外的梦想就是拿到大金额的订单，以及到北极探险。然而，某天早上他接连被3个坏消息打击，而且这3件事全部都很严重且难以预估结果。

　　第一件，某家大饭店打电话来取消50台72寸液晶电视订单，原因是不满服务人员杰米的工作态度；第二件，公司上个月的整体业绩已经出炉，他所负责的这个分行远远落后，这表示他手下的业务员没有努力工作；第三件，分行的一位长期客户费曼先生冲进他的办公室，拿出一堆单据，用力地丢在他的桌上，还大骂它们都是垃圾单据，因为每张单据都有错误，显然，分行会计温娣的部门一定有很大的问题。

　　马隆决定不管好与坏，这三件事情要一并处理。他通知杰米、法洛、温娣等下属，下午5点在办公室开会。

　　现在是下午5点，4个人都已到齐。马隆决定不发脾气，至少要忍到他完全了解情况为止。

马隆:"今天早上我一踏进办公室,就发现自己差点心脏病发作。我收到了3个坏消息。首先,饭店打电话来取消合约,我们因此损失一张大金额的订单;第二……"

杰米:"那不是我的错……"

马隆:"杰米,待会儿我会给你机会说明。第二,公司的总业绩出来了,我们分行是最后一名,我还收到总经理的关爱字条,上面写着'有待加强',这让我觉得……"

法洛:"数字并不能说明一切啊!"

马隆镇定地说:"这点我们待会儿再谈,这件事情还不是最让我生气的,最让我生气的是第三件,费曼先生今天早上冲进我的办公室,扔给我一大堆单据。他说我们的会计人员工作能力简直是一团糟。我看过那些单据后,只能说"一团糟"还不足以形容。现在……"

温娣:"我对于费曼先生的账目问题感到非常抱歉,可是……"

马隆:"温娣,待会儿你会有很多时间说明这件事的。很明显地,我们分行似乎存在严重的疏失。分行发生这么多严重问题,我必须说我很吃惊。当初我来创立这间分行时,你们每一个都是我亲自面试后进来的。我挑选你们,训练、督导你们,直到你们可以独当一面。结果呢?现在你们每个人都在重要的工作上出错!

"杰米,大饭店因为不满意你的工作态度而退了订单;法洛,业绩数据显示，你工作不努力；还有温娣，费曼先生认为你的工作能力不佳。你们到底怎么回事？"

三名员工开始七嘴八舌地抢着为自己辩解。

马隆："好的，一个一个来。我只想把事情弄清楚，不想听到任何借口。杰米，你先说。"

杰米气愤地说："说我工作态度不好！那个肥猪经理根本就是在撒谎。我昨天亲自和柜台领班确认过，他说每台电视都运作正常。"

马隆："真的是那样吗？"

杰米："你可以打电话给饭店的柜台领班，也可以亲自去查看。"

马隆："我刚才已经打过电话给领班了。他说基本上每台电视都有正常运作，唯一出现故障的一台，在你修理过后仍然无法使用。你有答应他要换一台新的。"

杰米露出胜利的笑容："你看吧。真搞不懂那个经理在不满什么！"

马隆缓缓慢地说："很好。那么你可以告诉我，为什么我们会失去订单？"

杰米收起笑容："都是那个愚蠢的楼层经理，他从一开始就排斥我，老是针对我，总是千方百计想找借口要把我赶出去。"

马隆："他找了什么借口？杰米。"

杰米突然充满防卫："喔！没什么啦！没事，真的没事。"

马隆："你急着要我打电话给柜台领班，那么我是不是也要打个电话给楼层经理呢？"

杰米紧张地说:"不用了。这个时间他都很忙,你现在打电话过去,会打扰到他的。"

马隆:"杰米,告诉我,你在饭店的时候到底发生了什么事?你最好说实话,否则我只能打电话向他们求证了。"

杰米:"马隆,那都只是一些无聊的小事啦。好吧!406号房打电话到柜台抱怨电视出了故障,他正急着要看足球赛。但是我拿错了钥匙,我拿到了604房的,人难免都会犯错的嘛。结果,当我打开房门时,看到一对新婚夫妻匆匆忙忙地起床。我跟他们说我要修理电视机,然后我就开始工作了。没想到那个无聊的女人竟然跑到卫生间里去哭,而那个男人就小题大做去跟楼层经理告状。"

杰米一边陈述过程一边瞄着马隆,看到马隆的脸色变得越来越严肃,有如蒙上一层霜。

杰米:"所以,我就把电视搬到顾客休息室里修理。然后,有个笨蛋摇摇晃晃地走进来,还把他的大脚从零件上踩过去。我当然要他注意一点。所以我就跟他说'笨蛋!小心点啦,那是个很贵的零件',那个讨厌的楼层经理认为,我只要专心把工作做好了,没有必须那么多话。那个人就是这样,老是对我挑三拣四的。昨天我告诉他……"说到这里,杰米突然住嘴,并开始思考了起来。

马隆:"我明白了。你的意思是说那个楼层经理故意找你麻烦,但是如果你说的是真的,我实在看不出他有必要如此小题大做。你只是无心地害一对新婚夫妻感觉受辱,你丢掷你的工具,还有你辱骂一位走过休息室的客人,这些事看起来都不是什么严重的问题,反正最重要的是,所有的电视机都还正常运作,所以这件事情就别再说了。"

接着,马隆将目光转向法洛。"法洛,你的销售成绩并不如总经理说的那样,他说得太客气了。依照目前这样的业绩,高层可能会开除我,也可能开除你。可以解释一下你业绩不佳的原因吗?"

法洛沮丧地说:"马隆,你知道我每天都很努力地在工作。你有看到我的电话拜访记录,也和我出去拜访过客户。我不知道我还需要做些什么,才能让业绩数字比较好看一点!"

马隆:"我知道你工作很卖力,对产品非常熟悉,而且和顾客都相处得不错。那么,到底哪里出了问题呢?"

法洛:"我也很想知道啊!"

马隆:"让我想想,你是从合盛公司跳槽过来的,我想知道你那时都卖些什么?"

法洛:"都是一些小东西,例如刮胡刀、电池、钢珠笔,等等。"

马隆:"那些东西都是属于'冲动购买型'的产品。你的主要经销商是谁?超市……"

法洛的精神来了:"对,超市。你看,这些产品都可以陈列在柜台的小展示台上,当消费者经过或结账时……"

马隆:"谢谢你的详细解说,法洛,我知道何谓'冲动购买型'。在合盛公司之前,你还在哪家公司工作过?"

法洛:"在亚生食品公司!就是棒棒糖和巧克力,记得吗?你就是因为这个原因才雇用我的啊。"

马隆："你从食品业转到机械业，为什么？你又为什么来我们公司应聘？"

法洛："这家公司可以让我赚更多钱。我的前两份工作的薪水都是底薪加提成，只是……"他的脸垮了下来。

马隆："只是提成少得可怜。好吧，待会儿我再和你谈。"

温娣用紧张的双手拿着手帕不断擦拭眼泪："我很抱歉！马隆先生。"

马隆："温娣，我说过，叫我的名字就可以。"

温娣："我真的很抱歉！马隆。我必定是搞混了，那些折扣常常把我搞得很混乱。"

马隆："温娣，每种产品的折扣都不一样，你不可以把它们加总的。你是我们分行的重要资产，你和客户相处愉快，电话礼仪很得体，打字和建档的效率也很好，为什么你没有想过要好好地加强你的记账能力呢？那是工作上的基本要求，不是吗？"

温娣："我知道我对数字本来就不擅长，在你录取我的时候我就告诉过你，我没做过与数字相关的工作。你说这项工作很简单，再笨的人都学得会。"她把脸埋进手里，"我一定比笨蛋还笨。"

马隆："所以我才示范过很多次给你看。那个工作很简单呀！"

温娣伸出手指着马隆："可是你并没有教我怎么做呀！你只是自己一个劲儿地做，做完后丢下一句'就是这样了'，然后就走开了。我很认真地看你做，但是我看不懂。"

马隆往后躺在椅背上，一一看着他的下属——杰米、法洛、温娣。听完他们三人的解释后，他有一种"这间分行会倒闭"的感觉。

马隆叹了口气："现在，我该怎么办呢？我有一个维修服务人员没有礼貌，有一个业务员根本就入错了行业，还有一个不懂得加减乘除的会计。我该怎么办？把你们全部开除，然后重新招人吗？"

珺安点评

如果你是马隆的上司，你会怎么做？

马隆似乎遇到了十分棘手的问题。他各个部门的手下在工作上都出了纰漏。他应该开除他们，然后另外招聘新人吗？

如果你是总经理，也就马隆的上司，你知道所有的问题，你是否会跟马隆建议——裁掉他们，重新找人？

我们并不知道总经理对马隆的下属有什么评价，只知道如果他以上司的身份参与那场会议的话，他必定会开除马隆。但是，就因为"雇用无能手下"的原因，马隆就遭到开除的命运，这样对他公平吗？

我们现在就来整理一下上述情况。

先从那个业绩不佳的法洛说起吧。法洛应征东宝电视公司只有一个理由——可以赚比较多的钱。

我们不否认他是个有能力的人，而他想要改善他的经济状况，这也是人之常情。只是马隆当初延揽他时，并没有问清楚他过去的工作经历，不然一定会发现他对销售电器产品毫无经验，而且他对贩卖这类产品一点兴趣也没有。

这些问题都可以很容易被发现的，不是吗？当法洛在谈论他先前的工作时，他那种兴奋的情绪就已经说明，他对食品销售有极大的热情。

法洛应聘一份他既不熟悉又不感兴趣的工作，这不是明智之举。但是最不能原谅的是，马隆雇用他时，并没有问清楚他的经历、兴趣以及他的志向。这才是马隆最愚蠢的地方。

至于温娣呢？她看起来对数字十分恐惧，凡是单据、发票、货单等她都无法控制。当然，这不是马隆的错。她当初被录取的原因，是她的打字能力、档案管理和其他办公室的事项都做得很好，虽然记账是她最大的弱点，但那只是她工作中的一小部分而已，她的确是可以独当一面的。

虽然马隆认为他已经教过她如何记账了，但温娣自己却说："可是你并没有教我怎么做呀！你只是自己一个劲儿地做，做完后丢下一句'就是这样了'，然后就走开了。我很认真地看你做，但是我看不懂。"

温娣不笨。马隆说过，她是公司的重要资产，除了记账的小问题外，她在其他工作上都表现得很好。但马隆最愚蠢的地方就是，只是做过示范便认定温娣已经会做了。

最后是杰米,他似乎是三人中情况最严重的。他在维修方面很专业,却不知如何和人相处,最后因得罪客户而弄得里外不是人。

难道,马隆又用错人了吗?其实未必如此。马隆当然是优先考虑他的专业技术,以至于没有去注意到他的待人技巧。那么,难道是训练出了问题吗?也未必。难不成马隆要为杰米专门开一堂人际关系课程吗?当然不可能。

马隆最愚蠢的地方是,他没有站在客户的立场来考虑杰米的表现。若是在大型分行里,通常会有一个领班或工头之类的角色来管理技术人员;但在这间小型分行里,这个角色自然得由马隆来扮演。他极少做电话或亲自拜访,以了解客户对杰米的工作满意度,包括杰米的工作态度。

马隆拥有三个工作能力不错的员工,当他们在马隆的手下工作无法发挥自己的特长,或因为犯了不是很严重的错而遭到开除时,他们就可能投效敌方。

既然如此,马隆现在需要做的,就是必须掌握三个重要的管理要素——选择、训练和领导,修正以往的管理模式。

◉ 选对人才

也许你不懂园艺,但是只要你懂得浇水、施肥、翻地、覆土和修剪等技术，就不会有太大的问题。不过，最重要的是，你的土地必须是一级土壤，否则你只是在浪费时间。

同样的，主管可以训练、教导、领导、赞美员工。但是，除非你得到的是真正的人才，否则你只是在浪费时间。如果你必须选择一种管理技巧，好让自己拥有一个有效率的好团队为你工作，那么这个管理技巧就是"选对员工"。录用一个真正的人才，并训练他，让他变得更好。

珺 安 点 评

我们发现，其实大部分的主管在纠正下属的问题时，都把黑脸用错了地方，由于主管把员工放错位子，没有把他们放在适合他们的职位上，使他们无法一展才能，以致拖累了部门或公司的绩效。

至于如何挑选人？如果你自认没有什么研究，也许你该考虑请专业的人来帮你挑选，这时你所要做的就是提供他们详尽的数据。你所提供的这些内容，要足以让其了解：

◎你的公司；

◎你的工作性质与内容；

◎你在公司或行业中的地位；

◎公司的成长性；

◎公司的福利制度；

三　选择、训练和领导，管理基石不动摇

◎员工是否有晋升的机会。

总之，让专业人员尽量多地了解公司和公司的需求，就愈能帮助你找到理想人才。

◎ 让下属维持良好状态

要当一个成功的领导者，训练员工要比监督员工更重要。当你认定，你的下属就是你所需要的人才时，你需要怎么做？放心大胆地授权他自行工作吗？也许的确有下属一直很清楚自己需要做什么，可以做什么，他们总是能给你带来惊喜，但也不排除有大部分下属，只是在运用已有的知识和经验，来应对目前的工作，每个人都不可避免地会遇到瓶颈期，如何帮助下属平稳度过瓶颈期？训练，是最好的方法。主管应真正做到关心下属，了解下属的心理变化，当下属感到自己对未来的工作力不从心时，就是主管出头帮他解决的关键时刻。一旦主管没有确认好这个时刻，很可能导致下属出现以下两种后果：消沉或离开。我想，没有主管希望看到这一幕。

珺 安 点 评　▶ ▶ ▶

训练，可以让人才变更好，让更好的人才一直维持在良好的状态，而且由于它是一种持续性、长期的过程，所以最好由自己公司的人去做这项工作，如此才能与公司长期发展计划紧密结合。对企业而言，不管是上层还是下层，训练是个永无止境的学习过程。

◎ 给下属的空间应在合理范围

有位主管曾经说："我一向都给下属很大的空间，我绝对不会分分秒秒都盯着他们或质询他们。我相信他们会做好自己分内的工作。如果他们有任何问题，可以随时到我的办公室找我讨论。"

珺 安 点 评 ▶▶▶

这位主管的作风听起来很不错，他把下属当大人看待。他并没有采取紧迫盯人的政策，把他的下属视为未成年般管理，他认为他的手下会以成熟又负责的态度来面对自己的工作。

但是，他的下属的反应却与主管大不相同，他们有着这位主管想都没有想到的问题。这个部门里的一位优秀的员工，在被问及他的主管时，便如此说道："他是个好人，但他根本就搞不清楚我们这些员工都在干什么。"

也许你常常会听到某些员工，埋怨他们的主管好像身上装了雷达似的，随时随地对他们盯梢；但是，你可能没有想过，竟然有人会抱怨他们的上司不知道手下在做什么。这种抱怨充分地显示，这位主管根本就不关心自己的下属。

对一个好主管而言，管理，不只是评鉴下属的能力表现和态度，他们还应适时给予下属指导，以及纠正他们的缺点。

珺安小结

从上述的整理与分析中，我们得到的结论是——马隆的失败原因在于他在管理上的三个基本要素的缺失，直接反映为：

◎法洛没有被正确雇用。

◎温娣没有被正确教育。

◎杰米没有被正确领导。

一个好主管必须掌握三个管理要素，即选择、训练和领导，缺少其中任何一个，你就无法成为一个好主管。确实掌握它们，你会发现所有的事情都会归于原位。

四　新任主管有原则，强硬之后显温和

▶

> 比利当初是高层设定的业务部经理人选之一，但因为他说话刻薄，高层担心他会因此而树敌，所以最后决定擢升哈登。
>
> 在哈登召开的第一次销售会议上，所有人都注意到，他刻意冷落比利，而比利则企图破坏这次的会议。大家都嗅到了一股火药味——比利和哈登即将爆发一场冲突。每个人都等着看哈登会如何应付比利的挑衅。

霍华是纳捷电器公司业务部的经理，已经在公司工作了二十多年，虽然他们部门的业绩差强人意，但也没有出现过大的事故，属于比较稳定的部门。这跟霍华的性格密不可分。

　　某次霍华在开会时突然出现不明原因的剧烈头痛，虽然症状很快就恢复，但这次的突发状况让他体会到健康的重要。最后，在他妻子的催促与医生的建议下，他决定提早退休。

　　霍华的这个决定令公司的高层有些头疼，他们一直以为霍华大概还有5年才会退休，所以并未急于寻找接班人。现在，他们得在一个月内找到适当的接替人选。为此，公司召开了主管会议，商讨此事。

　　"霍华的退休对他们部门来说，可称得上是一件最好的事。"销售部经理说道。

　　"老霍华对这家公司贡献很多，但我始终觉得他有时心有余而力不足。"人事部经理说。

"你怎么这样说呢。"财务部经理说。

"这是实话。我们既不能为霍华做些什么,又不能开除他或叫他积极一点,也许他的退休可以为他的部门带来朝气。我曾经观察他的部门一段时间,发现他们的业绩真的有待加强。"人事部经理说。

"可是他总能在年度销售会议上,给出最合理的解释。"财务部经理说道。

"这点倒是事实。你别看霍华那个慢郎中的个性,当他认真起来时,他的确可以带领部门冲出好业绩的。现在霍华要退休了,我觉得我们可以不从外部招聘,而是从业务部现有员工中提拔一位经理更好一些。毕竟,这些员工跟霍华这么久,对业务更加熟练,磨合期可以大大缩短。"营销部经理说,"我平日与业务部的员工来往较多,我认为比利和哈登,都是不错的人选。"

"不过,比利与同事的关系不如哈登与同事的关系融洽,能够妥善处理员工关系,我认为是管理者必备的素质。"人事经理说道。

"的确,我也认为,相对比利,哈登的确更适合接任霍华的职位。销售部经理说。

听了各位主管的分析,以及征询过许多员工的意见后,公司决定,任命哈登为新的业务部经理,全面接手霍华的工作。

哈登上任一个月后,公司对哈登提出了新的要求:从下个会计年度开始，也就是两个月以后，公司要求业务部的业绩要同比增长 30%。

接到任务后，哈登决定召开一次业务会议，这是他上任以来第二次召开会议。不过，第一次根本谈不上是业务会议，反而比较像是升职庆祝会，每个人都恭喜他获得新职，随后大家还到酒吧喝酒。

哈登了解这次的会议将与第一次完全不同，因为他现在面临了一项艰难的任务，他必须告诉他的这些老伙伴们，公司决定要求他们取得更好的业绩。

哈登能够运用权威来使老伙伴们服从吗？哈登第一次理解到，如果他不是直接被晋升为自己部门的主管，而是被调升到其他部门，那么事情处理起来就简单多了！当然，这是不可能的事。此刻他就得面对最残酷的事实。他让秘书下达了会议通知，此时，他正等着他的下属，也就是他的老同事们现身。他希望每个人都能准时，如此他就不需要在第一次正式会议上开口训人。

6 名业务员一同准时到达会议室，表示对新任经理哈登的信任。哈登见此情景，又想了想，觉得他们 6 人一起到达，可能表示他们是从某个地方一起过来的，例如某家咖啡屋。若真是如此，那么他们在那里讨论些什么呢？他推测，他们的话题可能就是部门新经理哈登——就是他自己。

他等大家都坐定后，便在会议桌前站了起来，并打开电脑中的 PPT 文件，将其投影在墙上。

哈登:"午安,各位,谢谢你们来参加这次会议。"

戴维:"更谢谢你邀请我们来参加。"底下一阵窃笑。

哈登:"这些是我从会计部门取得的业务数据,我想你们应该要尽快看到。"

戴维:"等一下,我拿一下我的心脏药。我的医生说我不能太受刺激。"

哈登语气温和地说:"请大家专心看屏幕,这是明年所有产品的数据目标。"

6个人全都瞪大眼睛看着屏幕,表情看起来颇受惊吓。

哈登指着屏幕上的数据:"这里是表现不佳产品的数据。"说完,他静默了几分钟,等待大家的回应。

这时,大家议论纷纷:"什么呀?""高层的脑袋烧坏了吗?""哈登,你不是认真的吧!""比去年增加30%的任务额耶!""赶快看下一页吧,我无法忍受再看到这些数据了!"……

哈登等到骚动停止后,才继续往下说:"这是你们每个人都要知道的数据。高层决定了,未来的12个月内,我们部门必须要达到上述营业目标。"

比利:"要是达不到目标的话,会怎样?"

哈登看了大家一眼说:"那么,到时你们就要面对几个脸色很难看的公司领导了。"

比利:"你是指我们可能要接受公司的处理了?"

哈登冷静地说:"是的,比利。"他想起当初人事命令发布时,比利是唯一不跟他握手道贺的人,而且他们后来去喝酒庆祝时,他也找借口不参加。

比利:"这听起来好像不太妙!霍华呢?霍华不是有份不错的数据吗?新人一上任就把它弄得乱七八糟。"

哈登该如何化解老同事的挑战行为?

在这场会议里,大家都嗅到了一股潜在的危机——在比利和哈登之间将会有一场冲突。

比利当初也是高层设定的业务部经理候选人之一,但是因为他说话较刻薄,高层担心他会因此而树敌,所以没有擢升他。

所有的同事都很难不注意到,哈登似乎刻意冷落、忽视比利;而大家也同时都感觉到,比利好像是要刻意破坏哈登主持的第一次业务会议。每个人都心照不宣,也都不动声色,只是静静地等着看哈登会如何应付比利的挑衅。

哈登在会议桌旁坐了下来说:"既然比利提起这个话题,那么我们就来谈谈霍华。我相信大家都知道公司对他的评价很不错。他是一个好员工,大家也都很尊敬他,对我们而言,他不但是个好主管,也是个好朋友。他……"

培尔:"你把他说得好像他已故了一样。"

哈登:"不,我没有那个意思,我想讲的重点是他这几年来的表现。我相信高层过去并没有严格地要求霍华,他们或多或少给了他很大的空间。可是从今以后，我们的部门将不会允许再出现那样的业绩。好吧！各位，你们有哪个人敢说，过去在跑业务时很辛苦？"

曼尼："过去虽然不会很辛苦，但我们也没有偷懒或不做事呀！哈登。"

哈登："不，曼尼。没有人说我们偷懒或不做事。但你的确也没有尽全力吧？"

比利："你这是在说你自己吧！我可是很努力的。你自己不努力，别把我们全拖下去陪葬。再说，你现在当然可以讲得很轻松，因为你坐上霍华的位子啊。"

一阵沉默后，二人的矛盾再次爆发，开始针锋相对起来。会议的主题也被抛到九霄云外。

哈登："比利，你扪心自问。你去年真的有很努力吗？每个人都知道，你每个星期三要去打棒球，星期二和星期五要去打高尔夫球，你现在与我针锋相对，是因为你……"

哈登愤怒的口气把几个业务员都搞得很紧张。大家都很担心哈登会在震怒下，脱口说出"是因为你想取代我得到这份工作"的话。这句话一旦说出来，就一定会导致两种结果：比利辞职或哈登立刻向大家道歉——否则哈登将会陷入万劫不复。

比利沉着对应："是……因为……？"

哈登："因为你害怕面对现实，因为你自己也清楚你并未真的努力工作了。好了，我们回到正题上来。如同我刚才所说的，高层对霍华很客气，但他现在已经退休了，过去那种轻松的时光也不会再回来了。你们可以不用相信我所说的话，但不得不相信数据。请各位认真看一下PPT……"

珺 安 点 评 ▶▶▶

　　下一页的 PPT 上，显示着每个业务员接下来要完成的业绩数字。当哈登与下属一一确认时，他原本以为会听到一阵阵恐惧的叫声，但令他意外的是，除两个业务员在做笔记外，其他人都沉默不语。

　　也许是刚才受过被要求增加 30% 业绩的大打击，眼前这些可怕的数据已经吓不到这些业务员了。他们心里都很清楚，今后如果没有尽全力去工作，将会有什么样的后果。他们明白以前的好日子将不再，而或许此刻的这个打击反而是种解脱。至少，高层没有采取更残忍的手段：在不要求他们更努力地情况下就直接开除他们，然后另外找一批努力向上的业务员。高层仍然在等待，等着他们未来能创造新的业绩。

　　培尔："公司对我们所设定的目标似乎偏高了些。就我所销售的那些小零件而言，现今一般店家，例如小型发廊、小型餐馆、小吃店或一般民众，都会直接到连锁商店去购买，而不会向电器行采购。而在我负责的区域中，并没有比较大型的店。"

哈登："目前你的区域是没有，培尔，但是几个月后那里将会有两家大型超市开张，到时候你就可以有表现的机会了。等一下，各位，我们的会议还没有结束呢？"

已经站起来准备离开的比利停下脚步，带着夸张的表情看着哈登。

哈登："比利，坐下。"

比利大声地叹了口气，并坐下。

接下来的十几分钟，可能是哈登在纳捷电器公司最重要的时刻。虽然他坐上部门经理的位子已经一个多月了，但是直到目前为止，他还没有任何表现。

在他指着PPT中的目标数据，要求下属确认、接受并且施行后，接下来，他要做的才是最重要的事情，这件事将会关系到他日后如何带领这些下属。

哈登对比利说："我们二人的关系似乎有点紧张。说到关系，我们现在要做的最重要的工作，就是改善我们部门与高层的关系。从报表上这些数据来看，我们部门过去并没有为公司增加很多利润，以致高层对我们部门不满意。为了让高层对我们的看法有所改观，接下来，就是我们表现的时候了，我们要让高层知道我们是全公司最有价值的部门。

"我们现在的首要工作就是改变。我对之前的报表进行了修改，将拜访计划和实际拜访情况进行了结合，表格的第一页是拜访计划报表，你们每个月月初将计划填写好,第二页则是你们的实际拜访的记录,填好前面两页表格内容,第三页会自动转换成最终的报表格式,然后你们将第三页的报表交给我即可。我这么做最大的目的是帮助你们简化纸上作业,也帮我节省看报表的时间。你们认为如何?"

戴维:"那太复杂了,哈登。"

杰森:"不会呀!我觉得它比旧式的简单。做得好,哈登!"

哈登:"谢谢,杰森!"

莫里:"如果你只是要我们做这个,那我想大家都明白了。会议可以结束了吧。"

大家都站了起来,开始收拾会议资料。

哈登:"等一下,会议还没有结束。"

大家仍然一边低着头收拾资料,一边交头接耳地交谈。

哈登用力摇着桌子大吼:"等一下!会议还没有结束!我说你们可以走,你们才能走!"

哈登的口气把大家吓了一跳,所有人都停止交谈,看着哈登。他们从来没有听过哈登这样的口气。

哈登的情绪缓和了下来:"这些表格只是我们改变的一部分。第二部分是,以后在午休时间所举办的台球比赛将取消,这点大家有没有意见?"

比利:"等一下,哈登。以前你还是业务员时,你自己也打台球啊,怎么升了官以后,就要取消这项活动?这不合理吧。"

哈登:"没错,我是和你们一起玩过,但我并不感到骄傲。那的确是我们以前常做的，但以后不准。"

戴维："那是午休时间，是我们个人的时间。休息时间和同事聚聚、打打台球，有什么不对吗？"

哈登："午休时间是个人时间没错，但大家聚在一起就不然。你从客户那里开车到台球厅需要多少时间？"

戴维："大约十几分钟。"

哈登："那是从最近的地方过去，但是你们每天会到不同的地方拜访客户，到台球厅的时间有时可能会超过半小时，而你们每天中午一点到台球厅后，会一直待到两点以后才离开，等回到公司时已经是两点半了，这严重耽误到工作时间，所以必须取消这项活动。"

戴维："如果我们在一点半以前回到办公室，你应该就没有理由取消了吧！"

哈登："如果你们确实遵守上班时间，我就没有意见。第三部分是关于业务会议。过去这个会议固定在每星期五下午 5 点举行，因此所有业务员必须在 4 点前回到办公室准备数据。显然，这样做致使每个星期五的下午就被浪费掉了。所以，这是最后一次在星期五举行业务会议。以后，我们每两个星期举行一次业务会议。"

戴维："这个点子太棒了！"其他人也都点头认同。

哈登："两星期开一次业务会议，而且是在星期六上午！"

会场一阵沉默，接着大家激烈的回应。

戴维："星期六？"

比利:"办不到!"

莫里:"那是我打篮球的日子!"

比利:"你以为你是谁啊!你只不过是个部门经理又不是总经理,凭什么改变公司长久以来的工作时间?我不接受,我要跟上级报告这件事。"他站起来转身离开。

哈登:"比利,如果你现在走出这间会议室的门,你就被开除了。"

这句话让每一个人都闭上嘴巴。比利转过身,怒视着哈登。

哈登没有理会比利的愤怒,他又平静了一下情绪,然后面带微笑地说道:"我今天在这里所讲的每一句话,都已经和高层沟通过了。我不会因为坐上经理位子就感到自负、骄傲。以你们的精明程度,我相信你们心里很清楚,有些事必须要告一段落,所以没有必要在我接掌这个部门后,把这些问题归咎到我身上。

"我知道我有太多东西要学,有时甚至不知道该从哪里开始学起,若是没有你们的帮忙,我可能会失败。现在,我们应该让高层知道什么叫作'业绩'。如果你们在工作方面有需要我协助的地方,我一定会全力以赴……"

珺安小结

这个故事并没有完结,不过,我们暂且别再去理会哈登和他的业务员又说什么。我们还是来总结一下哈登的管理法则吧,来检验一下哈登的带人技巧，而不是他所做的事情，看看他是怎么说的，而不是说了什么，这才是这个故事想表达的重点。

我想说，作为新上任的主管，哈登采用了最正确的管理法则，即兼具"温和与强硬"，有所坚持，也彼此协助。先强硬再温和，这是一种非常正确的管理思路。

五　理解"老鸟"心中想，年轻主管勇担当

> 戴维是年轻的主管，他一直生怕会遇到自己带不动资深员工的问题。幸运的是，此前他都能用机智及权威化解这类问题。
>
> 直到有一天，他与为公司服务30年的罗德出现了很严重的分歧，而且已严重到可能危及公司整个流程体系。于是戴维忍不住告诉罗德，他才是服务部经理。

罗德是一家汽车公司的服务部主任。事实上，罗德的专长只是维修技术，就工作内容与职权范围而言，他只是维修服务管理的领班，但是鉴于他长期表现不错，上级决定在今年赠送他一只为公司服务30年的纪念金表作为鼓励，同时给他一个"服务部主任"的头衔。

戴维在18个月前空降到这家汽车公司担任服务部经理，他只有28岁，大约只有罗德一半的年纪。

刚进公司时，罗德对戴维来说是有极大的帮助的。因为罗德会利用下班后及周末时间告诉戴维一系列有关汽车维修方面的内容，而且还总是以父亲对待儿子的态度，很详细地向戴维解释公司的问题、流程、顾客及产品等，虽然有时戴维会感到有些不耐烦，但当罗德每每说起"往日时光"，或者问他"你知道那是什么"时，戴维还是觉得值得聆听。

长久以来，戴维就生怕会出现自己带不动资深员工的问题。幸运的是，此前他都能用机智及权威化解这类问题。

直到有一天,他和罗德出现很严重的分歧,而且已严重到可能危及公司整个流程体系。于是戴维忍不住告诉罗德,他才是服务部经理,称他"年轻人"并不适当。

事情是这样的,为使公司内部的数据信息化、规范化,公司决定开始使用计算机系统录入数据,随之出台了新的操作流程和配套的数据表格。该表格由服务部门牵头,各部门配合填写。

为了让工作顺利展开,戴维既得扮演"外交官"又得扮演指挥者,各个部门都很快将表格填好,也接受了将使用新的计算机系统的事实。

但罗德拿到表格后只看了一眼,就把它们放到一旁,拒绝填写。

"这样做只是在浪费时间。目前的流程已经使用30年了,至今仍然非常好用,所以我们根本就不需要新的工作流程,也不需要填这些表格。"

为了尽快完成工作,戴维放低了姿态去努力说服罗德。在戴维的多次劝说下,罗德才不情愿地把表格填好,但还是不停地对这件事情挑剔又讽刺。

当所有表格都填写完成后,新的问题又出现了。由于新的流程撰写工作由一批新人负责,这些人并没有接受充分训练,致使流程上出了一些小问题,所以,公司决定在问题解决好之前,仍暂时使用旧的流程表格。

很快,问题得到了解决。当一切要开始进入正常运作时,罗德又有意见了。他态度强硬地表示:"我拒绝使用一切与计算机有关的东西。"甚至有同事在员工餐厅用餐时,听到罗德愤怒地说:"如果不让该死的计算机消失,那么就让我走!"这些话还获得许多资深维修技工的认同,因为他们都不喜欢现在所使用的新表格、新系统。

戴维接到上级的通知,必须立刻全面改用新的计算机系统,不得延缓,因此,戴维与罗德约好,下午3点钟在他的办公室,两个人谈一谈。

此刻,戴维正在办公室等罗德。现在已经是3点15分了,但罗德还没有现身。从办公室的玻璃隔间往外看,戴维发现罗德正在和两名清洁工说话,还一边说一边瞄向自己的办公室。又过了一会儿,罗德对清洁工笑了笑后,才走进戴维的办公室。

罗德:"戴维,怎么?找我有什么事吗?"

戴维:"请把门关上。请坐吧。"

罗德:"不用了,我不能待太久,维修厂那边还有很多事情要做。"

戴维起身走过去把门关上并说:"坐吧!罗德。"

罗德忍住不快说:"怎么回事?"

戴维:"之前新流程出现的问题都已经排除,一切都恢复正常运作,我们也可以开始使用新式表格。旧的流程表格与新流程不符,程序设计师没办法将它输入计算机。所以,请拿新表格进行填写。"

罗德:"你知道你在说什么吗?那样做可是要花很多时间的!"

戴维:"我知道。但是我想你也清楚,上星期我就要求全面使用新系统,但你却不遵守。拿去吧,把这些数据填到新式表格中,然后在下班前交给我!"

罗德："这行不通的！你听我说……"

戴维："不，你才要听我说。你违抗命令，而这个命令并不是我下的，是上级。如果你再继续不配合，我就会挨骂。我不想看到这样的结果。这些资料拿走，下班以前给我。"

罗德："听着，年轻人。"

戴维："我的名字是戴维，或者你也可以叫我经理。"

罗德："好吧！戴维。那我就告诉你我不使用新表格的原因。我这样做都是为了公司着想。"

戴维："为公司着想？你在说什么？"

罗德："对！是为了公司着想！当那台该死的计算机出现故障时，我们就得熬夜工作。你知道有多少工作因此被延误，又有多少顾客被得罪吗？"

戴维："我知道，但是……"

罗德："为什么？我有一大堆客户打电话给我，要求我一定不能耽误他们的工作，还抱怨新计算机系统根本不管用。"

戴维皱起眉头："一大堆客户打电话给你？"

罗德："没错。"

戴维："你倒是说说看，是哪些客户！"

罗德显得有些局促不安："我哪能记得那么多。反正，公司根本就不该允许这种事发生。至少现在不能。"

戴维："现在不会再出错了。"

罗德："是吗？谁能保证呢？计算机工程师最厉害的专长不就是让计算机出故障吗？我的邻居上个月带着全家出国旅游，没想到回来后却收到一张超过4000元的电话费账单。他要电信局说明，对方的回答是计算机系统出了问题……"

戴维拉高音量："好了，罗德，别再说了。这是上级的命令，是不可能改变的事实，所以请你现在开始用新表格，我不想再听到你有任何不同的意见了。"

罗德："如果我不遵守命令呢？"

两个人隔着桌子互相注视着对方。

珺 安 点 评 ▶▶▶

这下，戴维终于遇到真的棘手的麻烦了。他绝对不能躲避这个麻烦，因为他知道那并不是工作上的问题，而是下属对他的挑衅。

在处理与倚老卖老的"老鸟"的交谈上，你认为戴维的手法如何呢？

很清楚地，戴维表现出绝对的权力，但并没得到他想要的结果。他在交谈时，只是一味地指责罗德违反命令，却没有换个角度思考，罗德为何坚持反对使用计算机？又为什么好像全世界的老员工都在反对接触新的挑战？理由很简单——他们害怕。

罗德不笨，他清楚知道自己已经56岁了，明白他的主任头衔就和他的金表一样，都只是公司对他业务上的肯定，并不是因为他真的具有主任的实力。他就算到退休时也还是个主任。但戴维这个年纪足以当他孩子的年轻人，此时就已经能够坐在办公室发号命令，而他只能是个接受命令的人。

他害怕的原因来自很多方面——也许是害怕被忽略，也可能是害怕改变，或是害怕自己年纪大了，再也没有能力去学习新的技巧，尤其是计算机——虽然它已经是现代生活的必备工具。但对他而言，他在学校时并没有学习到这门课，对计算机感到既神奇又陌生，不知道要如何使用，当然就会产生一种自己会被计算机取代而变得毫无用处的恐惧。

而且，就罗德的立场而言，他已习惯旧的方法，与他多年的工作方法相比较，他看不出使用计算机到底有什么好处。

戴维并没有观察出罗德内心的真实想法，以致无法有效地处理罗德的问题。戴维在管理上还有什么缺失呢？我们不难发现，他最大的缺失是说话的方式——"你违抗命令，而这个命令并不是我下的，是上级。如果你再继续不配合，我就会挨骂。"

这是极不适当的说法，好像这个主管只会把所有的责任都推到上级身上，并且躲在上级的后面说："罗德，你也别怪我这样要求你，这不是我的错。我和你一样也受罚。"毕竟，当主管收到上级指示下来的命令时，那就变成了这位主管对他下属的命令了。

五 理解"老鸟"心中想，年轻主管勇担当

现在，当戴维听到罗德说"如果我不遵守命令呢"时，他该如何化解这个难题呢？

在与罗德一阵怒目相视后，戴维很快冷静了下来，并改变了对罗德的态度。

戴维："罗德，我知道你不是故意要这么说的，我也不认为你要和我对抗。你在公司的良好表现，所有人都看在眼里。上级对你相当的尊敬，我当然也是。你为公司服务了30年，我不相信你可以就这样丢掉一辈子的努力。"

罗德："你的意思是说，如果我不遵守命令的话，就得走人吗？"

戴维有些激动："罗德，这不是你要不要屈服的问题。不管你喜不喜欢计算机，计算机化都是无法避免的趋势。我可以诚实地告诉你，当我第一次听到我们的记录出现在计算机上时，我高兴得心脏都快跳出来了。现在，我只想要知道它还能为我们多做些什么事。有一件事情我非常确定，就是我们不能没有计算机。就这么简单。"

罗德："但是，我们还是可以不要用，因为……"

戴维："罗德，面对现实吧。这样吧，我们来说说你的工作内容好了。你手下有30名维修技工、17部机器，300多个不同的料号。如果没有计算机的话，你该怎么办？就算你能记住所有的料号，那你的手下呢？他们也都能记得吗？"

罗德："我当然记得！我相信我的手下应该也都知道！"

戴维："你看看你们，满脑子记的都是这些呀！罗德，在你的心中，我相信你百分之百认为你是这家公司的一分子。现在，难道你就为了'不跟着公司政策走'，一辈子就跟着毁了吗？"

罗德不置可否，只是专注地聆听。

戴维："而且这个计划可能以后会是你、我和所有手下的计划。这样吧，不如我们现在一起来填表格，应该不会浪费太多时间的。另外，从明天起，我会请秘书玛格每天早上 9 点去你的办公室帮你填写表格，我想这样应该不用超过 30 分钟，你就可以把前一天的表格完成，你觉得如何？"

罗德摸了摸头发，开始思考了起来……

珺 安 点 评

好了，现在我们换个角度，来讨论戴维的表现。

冷静下来的戴维明白了罗德心里在想些什么："当我在为公司效命时，你都还不知道在哪里呢？现在竟然要我去接受你这个'小鬼'的命令。"内心的愤怒和忌妒引爆了罗德对抗的决心，而且情况可能会弄到无法控制。戴维明白，愤怒之下说的话很可能会严重摧毁彼此的关系。

于是，戴维机智地化解了潜在的危机。他明白当罗德说"如果我不遵守命令呢"时，他只是在试探自己，因为他很害怕自己开除他。

面对这种情况时,有些脾气暴躁的经理可能会对罗德大叫:"如果你不遵守命令,我就开除你。"

但是戴维并没有这样做,戴维在这种情势下及时地冷静下来,并为罗德分析得失,这是他在整个谈话中表现最精彩的部分。

在经过抽丝剥茧后,我们会发现,其实整个事件的最大问题应该是罗德。他不但蔑视顶头上司的命令,更煽动下属违抗命令。任何公司都不希望主管有这样的行为,但是如果戴维一怒之下开除了他,也可能会引起上级有所动作。

所以,戴维是值得称赞的。他的机智和成熟的态度,远超过其实际年龄和经验应有的表现。

此外,戴维又提出了一项很棒的建议——每天协助罗德填写表格,以减少罗德的工作量。这让罗德在付出的同时,亦能获利。戴维的这个方法,使得"命令"不再那么僵硬,也为罗德保留住了面子。

罗德听了戴维的建议,摸了摸头发,思考了一会儿后,突然笑着说:"这样啊,当然好啊,好的,年轻人!"

戴维也松了口气,笑着回答:"好的,老师父。"

珺安小结

在处理与倚老卖老的"老鸟"的谈话中,你认为戴维的手法如何呢?

一开始,戴维表现出绝对的权力,但并没得到他想要的结果。他在谈话时,只是一味地指责罗德违反命令,却没有换个角度考虑。他并没有观察出罗德内心的真实想法,以至于无法有效地处理罗德的问题。戴维最大的缺失是说话的方式——"你违抗命令,而这个命令并不是我下的,是上级。如果你再继续不配合,我就会挨骂。"这样说是极不恰当的。作为主管要明白,当你收到上级指示下来的命令时,这道命令就变成你对下属的命令,而不是你的上级对你下属的命令。好主管是不会把所有的责任都推到上级身上的。值得称赞的是,冷静下来的戴维明白了罗德心里在想些什么,他做了一个主管应该做的。

六　主管应为指挥者，主控大局不懦弱

> 马克需要掌握权力才能带领、训诫下属，但他又无法带动、训诫高修。马克在高修面前失去了权力，可见，高修才是那有权力且重要的人。高修知道自己有多厉害，对部门里甚至整个公司的价值有多高，任何像高修一样厉害的业务员都会有这种感觉。如果马克和高修要进行一场权力比赛的话，知道内情的人都会把赌注压在高修身上。

高修是马克的首席业务员，他的销售成绩一直遥遥领先其他业务员。这位业务强将可以开几百千米的路，翻山越岭去完成订单。在他的心里，没有所谓"勉强的拜访"，只要他认为有机会可以销售他的产品，他甚至可以跑到"火星"去拜访客户。总之，不管是他的旧客户或是正在开发的新客户，他都会毫不犹豫地去拜访。

不过，高修也有许多令主管感到头痛的问题。他经常错过销售会议，即使出席会议，也只会捣乱。

马克："高修，你的客户拜访报表和其他报告，迟交还没有填写完整。"

高修："拜托，你又不是请我来搬货或填写那些表格和报告的。在我努力冲业绩的时候，那些琐碎的事情就让其他人来做吧！"

高修的客户不但购买量大，而且采买频繁，而他也为了要创造漂亮的销售业绩，倾尽全力在推销。但是，马克最近接到两个采购人员的电话，表示他们不想再和高修接洽业务。

销售总监非常重视高修的业绩，他提醒马克，像高修这样出色的业务人才是不可多得的。马克当然明白总监的意思，他开始不停地思索，该如何领导这个"快要无法带领"的员工。

某天，马克听从高修的建议，陪同他去拜访了一个重要的客户——林总。马克当然知道，高修要他同行的唯一原因是，这样高修就可以在他的面前炫耀自己的销售技巧。

当然，高修在林总那里，签订了一张重要的订单，此刻，二人正开车返回办公室。

高修神色得意地说："经理，你觉得林总如何？他很认同我的说法吧？我说出了他心里的想法。"

马克："的确。有一度我还以为他要纠正你呢。不过，你不应该当他的面批评他的下属很笨。"

高修："那就要看你如何看待这种事情了。事实上，林总公司里的确有几个愚笨的焊工，他们不配在最好的环境中工作，因为他们不懂得心存感激。上个月，我从其中一名焊工的手中拿过工具去焊接，结果焊得比他还好。我还教那些焊工该怎么做呢。"

马克："我敢保证，那个焊工一定恨死了你和我们公司。"

高修："他会克服并接受这个事实的。你注意到了吗，林总今天原本不想给我订单的，他想要把我赶走，但是我跟他说我绝不接受被拒绝。"

马克："你可真懂得怎么'施加压力'呀！"

高修："施加压力？那才不叫施加压力呢！当然你也可以这么说。可是，老兄，当我对客户'施加压力'时，他才会集中注意力。不过在我看来，刚才，我只不过是小小地威胁一下林总而已。"

马克："所以你还算是对他手下留情了？听说我，以后你最好别再用这种方式和客户谈生意了！"

高修："经理，我已经帮他们把货都备好了。你知道我为什么做得这么周到吗？因为明天有另一家公司的销售员会去拜访林总，到时候林总会怎么跟他说呢？他会说'那个伟大的高修昨天已经来过了，现在我们的仓库已经没有多余的空间储存焊棒。所以，你还是请回吧'。"

马克："这样做固然非常好，但是我可不希望他每次都被你的拜访惹火。"

高修："放轻松一点，经理。我和林总太清楚彼此了，我们是鱼帮水、水帮鱼，我知道我能提供他们公司什么、能为他们做什么；同时他们也知道从我这儿能得到什么。如果你不相信我有这种能耐的话，那就请你走出你的办公室，向左转，你就会看到墙上的'英雄榜'。是谁的名字遥遥领先？当然就是那个独一无二的高修！"

马克："我知道，我知道。"

高修再度扬起音调："只要有高修在，什么都不用怕。"

马克："闭嘴！每次我和你讨论客户时，你就开始逃避。你的客户拜访记录卡已经迟交三个月了，助理莫菲已经抱怨好几次了。"

高修："别怕！我会补给莫菲的。"

马克："这不是补给谁的问题。那些记录卡早就该交了。我已经提醒你不知道多少次了。"

高修开始显得不耐烦："经理，你别再吼叫了，行不行！要知道，你现在吼叫的对象可不是一个无名小卒。我可是全公司最厉害的业务员，你知道吗？我的时间不是用来填写那些该死的记录卡，那些卡片是让那些'小鬼'填的，因为他们不够聪明，没有学会我那一套认识客户的技巧。我告诉你，我不需要填什么记录卡，我不需要把拜访客户的数据记录在无聊的卡片上。你尽管放心吧，所有的拜访数据都在我的脑袋里，我随时可以活用它们。"

马克："你太过分了。"

高修："经理，这样做哪里不好吗？我觉得两全其美啊！"

马克："高修，你知道我们为什么要填写并保存那些拜访记录卡吗？因为若是其他业务员要去拜访你的客户，却没有那些信息的话，他要如何应付？"

高修："我为什么要让其他业务员踏进我的地盘，打扰我的客户？"

马克："好啦！别再假装你不知道为什么我们要保存那些拜访记录卡。任何业务员都可能会生病或离职，但客户仍需要继续服务。否则若是业务员一离开，公司会措手不及的……"

高修："经理，别担心啦，我不会离职的。"

马克："或者被开除……"

高修大笑："开除？你是说开除我吗，真是笑话！"

马克："闭嘴！你这是什么态度？你以为你在跟谁说话？"

高修："经理，冷静一下。我们是好朋友，不是吗？好朋友怎么会谈到离职和开除呢？"

马克沉默数秒后说："我要你准时提交拜访记录卡。"

高修："没问题，回到办公室，我就填写。"

马克："还有一件事，你不可以再错过任何一场业务会议。过去两个月，你已经错过三场会议。这是很糟糕的表现。"

高修："经理，我们不要再谈会议的事情了，好吗？那些无聊的会议让我烦得要死。我并没有要抵制你的会议的意思，只是那些会议是'小鬼'才要参加的，不适合我去。那些'小鬼'该学习如何对客户保持微笑，别浪费客户的时间。经理，你该不会认为我真的需要吧？"

马克："你别看不起销售训练，也不要叫你的同事'小鬼'。他们的业绩也许没有你那么优秀，但无论如何，会议并不是只有销售训练，还有产品问答，而且问答的范围广泛，内容五花八门。所以，你应该要参加。想想看，当其他人发现你没有出席，而我却说不出个理由时，那对我的权力是多么大的挑衅。该死！下星期你一定要参加，听到没！"马克越讲火气越大。

高修："好啦，好啦。我参加就是了！"

马克:"还有,到时候态度好一点,别捣乱。上次在会议里,你不停地用椅子碰墙壁、剥花生,这种情形绝对不可以再发生。下星期你要准时出席,要打领带,还要参与讨论。这次要讨论铝具焊接器的销售问题。知道吧!"

高修:"很清楚。"

马克:"那么到时候就请多贡献一些意见啰。"

高修:"是的,经理大人。"

如何管理"快要无法带领"的员工?

高修的问题很有趣。表面上看似乎很简单,但其实处理起来很困难、很棘手,而且充满危险。不过,它并不复杂。只要经理马克清除阻碍,就可以看到问题的核心是什么。

马克是否要因高修的优异销售成绩,而容忍他的胡扯?或者,坚持开除他?

其实,这并非只是单纯的黑或白、要或不要的单选题。仔细分析一下,你觉得马克刚刚在处理高修的问题上,表现如何?

珺 安 点 评

马克决定利用非工作时间和高修谈谈,他觉得开车去拜访客户的去程或回程时间,是和业务员谈话的不错时机,因为在车上，车外风景飞驰而过，两人都感觉轻松自在。但是，车上真的是谈话的适当时机与地点吗？

马克忽略了一个重点，当他和高修在车上谈话时，他们都没有看对方，而是盯着前方的路况，在这种情况下讨论重要的事情，二人可能都会无法专注于议题上。

而且，对业务员而言，车上就是某种程度的办公室，而马克只是办公室里的一名访客。因此，车上根本就不是中立的谈话地点。

此外，马克在处理高修的问题上，最大的症结就在于"命令"。一开始，他根本无法下命令，直到处理程序进行到结尾时，他才用命令的口气要求高修配合。然而他的命令看来就像是一连串的抱怨，因此，即使他最后终于下了命令，却也不是一个漂亮的"命令"。从头到尾，他处理高修的问题的方式，就是"不停地责骂"。

在任何决斗场上，拥有强大火力的一方往往是胜方。在拳击赛中，人们都会把赌注压在个头粗壮的选手身上；同样的，如果马克和高修要进行一场权力比赛的话，知道内情的人都会把赌注压在高修身上。

由车内的那段对谈，我们看得出高修的强大火力，也看到马克在谈话时的缺点——说话不够有力，就像个打败仗的将军。

不过，最关键的原因则在于"需求"。很显然的，高修不见得需要马克，但马克需要高修。所以，万一高修离开的话，势必会对马克造成巨大的负面影响。

马克需要掌握权力才能带领、训诫下属，但他又无法带动、训诫高修。马克在高修面前失去了权力，可见，高修才是那有权力且重要的人。事实上，掌握权力的人才是真正的主管。而高修知道自己有多厉害，对部门里甚至整个公司的价值有多高，任何像高修一样厉害的业务员都会有这种感觉。

这就是马克真正的痛处——谁对公司比较重要？高修还是自己？这可能才是上层最关心的事情，而且很明显地，大家都看得出来，高修比马克对公司更有价值。此外，马克也不得不承认，当高层看到高修的成绩时，简直可以用"心花怒放"来形容，这也使得马克与高修之间的权力和价值消长更加明显。

马克有更好的选择吗？

马克是否还有其他的解决方案，让高修愿意听从并配合他的指示？以下三种选择会不会比较正确？

◎ 无条件投降

马克："好吧，高修，你赢了。我承认我不想失去你，你一个人的业绩可以抵过三个业务员，所以我应该对你特别礼遇，不能以规范其他业务员的规则来约束你。你就把你的客户拜访数据交给莫菲，我会请她帮你填写客户拜访记录卡。从现在起，我会要她每天花时间帮你完成这份工作。

"让我知道你什么时候会进办公室，到时候我会去找你，你再向我口头报告你的工作。如果你有任何需要协助的地方，请告诉我，我会尽最大能力帮你解决。另外，关于业务会议，你就把它忘了吧，要不然你可能就拿不到第一名业务员的奖金了。

"你需要什么只管告诉我。你明天要去哪里？是不是要去参加'两日钓鱼旅游'？祝你好运。"

珺安点评

你觉得"无条件投降"是马克的正确选择吗？

当然不是，它根本就是个差劲透了的选择！身为一个主管，如果你真的让任何一个下属爬到你的头上，你就输了。在这场战争里，主管若是采取"无条件投降"的方式来脱离困境，很快地，他就会发现他再也无法得到任何的人信赖。

一定要把高修这样的人才留下来，这是绝大部分主管应该做的事。问题是，一旦留住了高修，那么这个问题就不再是个人的问题，而是变成多数人的问题——留下高修，就会影响团队士气。

当遇到不公平的待遇时，人们都会变得聪明，即使是最迟钝的人也会有反应。同理可推，当马克为了安抚高修的情绪，而帮他清理车子、提公文包时，其他业务员会怎么想？又会有什么反应？他们自然会立刻感受到明显的差别待遇——在经理的心里，他们是必须遵守规定与命令的人，而高修则可以完全不受那些规定与命令的约束。长此以往，团队士气自然会受到极严重的影响。

我有位朋友是汽车销售部门的经理，他对某些下属的偏爱程度就曾令我大吃一惊。

朋友："我承认我是很偏心。我部门里总共有10名业务员，其中2名业务员所创造的业绩占了总业绩的一半。你说我能不偏心吗？这2名业务员不但获得公司配给的新车，也享有比较多的假期，而且休假期间，不论个人里程数有多少，都可以全部报公账。至于其他8名业务员就得加班工作，就连星期六晚上也不能休息。"

我："另外8名业务员能接受这种差别待遇吗？你怎么回应他们的抱怨？"

朋友："那很简单。我对他们说'你们想要享受同样的待遇，就给我同样的业绩'。"

若从创造业绩的角度而言，我这位朋友绝对是个很成功的经理，但他的管理哲学却让我很担心。"带人"不是只要让一两个员工工作愉快，而是要让整个团队的人都有工作热情。

◎ 浇熄下属的傲慢气焰

马克："高修，我对你的行为感到厌烦至极，我已经想到要如何对付你这个目中无人的家伙了。从现在开始，你是团队中的一员，你和大家平起平坐，而且你每个月都会接到一张工作指示单，如果你已经把它丢掉了，那么劝你赶快再去申请一张。

"你必须仔细阅读并遵守每一项指示。一次没遵守，就给你一次口头警告处分；再犯的话，你就得来我的办公室；犯满三次，你就被开除了。听到没有？我希望你听清楚也确实做好，因为我只告诉你一次。这件事完全没有讨论的空间。"

珺 安 点 评 ▶▶▶

马克终于开口跟高修宣誓他身为主管的立场了。然而，这个宣誓完全发挥不了作用。因为，马克这些话只是在向其他业务员说明你没有偏心，可是看看高修，他依然故我地照他的意愿做事。显然，马克的话对提升团队士气没有什么帮助。

极有可能，高修在听了这番话后，对马克丢下一句："我不干了！"然后转身走人。这样马克就得向上级解释订单减少 1/3 的原因，以及如何挽救业绩下滑的状况；或者，即便高修继续留下来，也可能会对马克说："如果这些规定及政策能够帮助我创造更多业绩，我就遵守！"然后继续目中无人地做事。

显然，"无条件投降"和"浇熄下属的傲慢气焰"都不是正确的选择。

◎ 让下属预见美好的未来

马克："高修，你听我说，我知道公司对于业务员的那些规定，看起来真的很琐碎、麻烦也不必要，尤其对你这种业务能力这么强的人，它更有可能会阻碍你创造业绩。问题是，对于团队的大部分成员而言，公司的确需要使用这种方式去管理他们。在这种情况下，我的问题就来了。我实在找不到两全其美的方法来提高团队士气。

"当其他的业务员接到指示时，他们得乖乖地遵守，否则就会被我骂；但是当你完全不理睬那些指示时，我却丝毫没有责怪你时，你觉得他们会怎么想？在他们的眼中，我将会变成一个不值得尊敬的主管，以后当我要执行上级的命令时，就没有下属会服从我。

"高修，我知道那规定真的很烦人，但是，去开个会、交个拜访记录，不但不会让你失掉业绩，我也可以对上级有交代，同时还可以让上级对你建立更好的印象。更何况，我也会给你许多的方便。你看，上个月你请一个星期的假去看世界杯足球赛,我不就一口答应了吗?"

珺 安 点 评

　　这个解决方法十分中庸、合宜,应该可以让所有人都感到满意,对吧!

　　也许高修听完后,会笑着拍拍马克的肩膀说:"好的,马克!别担心,为了你,我会照你的意思去做的!"

　　让高修"预见美好的未来",问题就圆满解决了吗?当然没有,问题只是稍微获得缓解,并没有真的解决。马克所做的,只是慢慢地举起枪,瞄准了高修。一旦高修危害到了自己或大家,他就会扣动扳机。

　　同样,可能因为马克个人的人情,高修会配合他的指示做事,但如果那些指示妨碍了他的其他活动,高修是否还会配合,就很难说。此外,马克还有另一个潜在威胁,就是只要他稍不留意,高修就可能会故态复萌。

　　可见,高修才是真正的主管,他指挥大局,决定做或不做。马克只能配合高修的决定前进。

　　马克尝试过的上述三个选择:"无条件投降""浇熄他的傲慢气焰""让他预见美好的未来"。结论是,他对任何一个方案都感到不满意。第一个选择,让他丧失权力;第三个选择,犹如高修手上握有可以牵制他的把柄；至于第二个选择，则是让他彻底失去高修。至今，马克仍然想不出该如何做，才能驯服高修这个因业绩而傲慢的首席业务员。

看来，马克的问题大了。

对于马克的困境，我的确也想不出适当的解决方法。

好吧！我们再来看看另一件情况类似的案例，看这个主管会用什么方法来解决类似的问题。

威廉是纺织工厂的厂长，他正在自己的办公室内愉快地看着最近的生产数据，每单成本都低于上级的要求。一切似乎都非常的顺利，看起来，只要有他这个厂长在，一切都会天下太平。

然而，有件在他意料之外的大事即将发生，而这件事情的主角就是他的资深生产线领班泰德。

威廉："泰德，怎么了？是第三条生产线的机器又出状况了吗？"

泰德："不是的，厂长。第三条生产线只需要换一个螺帽就行了。"

威廉："那你还有什么事要告诉我吗？"

泰德显得有些紧张："是这样的，厂长。我收到一封信，我想我最好先向你报告一下。"

威廉："什么样的信？"

泰德把信件递了过去："就是这个。"

威廉接过信件。这封信是公司最大的竞争对手寄给泰德的。威廉的注意力被信中一段很强烈的文字所吸引——我们将提供你"总领班"的职位,而且薪水会比现在增加 18%。

威廉缓缓放下信件:"泰德,你什么时候收到这封信的?"

泰德:"昨天。"

威廉:"你觉得我应该知道这件事吗?"

泰德:"我觉得这样对你比较公平。"

威廉:"是的,对我比较公平。"

现在,威廉该怎么办呢?

威廉心里很清楚泰德是个很有价值的下属,他杰出又上进,而且他还非常了解工厂的生产过程。这样丰富的经验是需要多年在职训练才能累积出来的,也是威廉无法买得到的经验。威廉不想失去泰德,因为一旦泰德离开了,那些珍贵的经验也会一并被带走,如果没有泰德,他这个厂长就无法做得这么轻松。

威廉能想出理想的解决方案吗?以下三种方式是否可能解决他的问题?

◎ 带着笑容帮他调薪

威廉:"泰德,这封信对我而言,简直就是天大的打击。你愿意让我知道这件事,我很感动。坦白说,我不想失去你。既然对方提供给你的薪水超过本公司同等级职务的水平,我想我会立刻去向上级反应,看看是否也把你的薪水调高。今天下午我再来找你,并告诉你上级的答案。"

珺安点评

　　威廉会因为要留下泰德,而愿意把薪水调高到与其他公司所提供的一样吗?威廉并不是初出茅庐、做事情不知瞻前顾后的小伙子。他当然知道,一旦他"带着笑容帮泰德调薪",不出半个小时,这件事就会传遍全公司,下属们也就抓到了威廉的把柄——当受到对手的威胁时,就变成一只"软脚虾",任人宰割的捧上现金留人。

　　威廉当然不会选择这种解决方法,否则其他下属有样学样的话,后果将是他所无法承受的。

◎ 诚恳道别并衷心祝福

　　威廉:"泰德,失去你,对我和工厂都是巨大的损失,但是我们真的无法提供像对手那么好的薪水给你,所以我就不阻挡你的前途,如果你决定要离开,我也只能衷心地祝福你。"

珺 安 点 评

  这个方法可以化解威廉的困境吗？毫无疑问，大部分的主管都会选择这一条路——道别并祝福。

  这个选择与第一个相似，不同的是，前者是对下属投降，而后者则是对环境屈服。这当然也不是威廉想要的解决方法，因为泰德是很优秀的下属，威廉不愿让他离开。

◎ 开诚布公的讨论利弊

  威廉："泰德，我要谢谢你愿意拿这封信给我看。一直以来，我们两人之间总是能够开诚布公的说话，我很珍惜这份关系。现在，我要和你谈谈离开公司的事情。对于这件事情，你有什么看法？"

  泰德诚实地说："厂长，相信你也知道，现在物价一直在上涨，而对方提供的那份薪水很吸引我，而且……"

  威廉："你觉得你应该接受他们的条件，是吧！"

  泰德露出感激的神情："是的。我和我太太昨天晚上详细谈过了，她也赞成。她还说，明年我们的儿子就要上学了，到时候生活费用会增加不少。"

  威廉："这点我可以理解。当然，3个月后，我们公司也会帮你调薪……"

泰德精神一振："调到和对方提供的一样多,对不对?"

威廉:"虽然会调薪,但我不敢保证一定调到和对方一样多。不过,我现在想了解的是,薪水固然对每一个人都很重要,但是这难道是你想离开公司的唯一考虑吗?"

泰德不敢置信地看着威廉:"难道不是这样吗?"

威廉:"当然不是。你知道的,我们公司的工作环境是业界公认最好的。难道你在这工作得不愉快吗?"

泰德:"我在这工作很愉快,厂长。"

威廉:"还有,我们公司的员工福利也很不错啊!"

泰德:"福利?"

威廉:"对啊,福利!首先是休假福利。明年你在公司就服务满10年了,之后每一年你会有7天的额外假期。然后是你的退休金。你知不知道在我们公司的退休制度中,你将会享有多好的福利。别忘了,你10年来为公司所做的一切,都会在你退休时计算到你的福利中。如果你现在离开的话,这些好处就全都没了。这样不是很可惜吗?"

威廉不停地细数泰德留下来的好处,而泰德则是边听边点头。

珺安点评

"开诚布公的讨论利弊"是很多主管喜爱并采用的选项。这项选择的最大好处是:主管可以不必放弃优秀下属,也不必和别家公司比较薪水。

不过,威廉也没有采用这个方式。他说:"我不会力劝他留下。我不是说这个方法不好,只不过这并不是我的做事风格。"

难道,威廉还有更圆满的方法吗?以下是威廉实际的应用方式。

威廉冷静地把信还给泰德:"泰德,你一个小时后再回来,而且要告诉我,你把这封信撕掉了。"

泰德显得有些措手不及。没想到斯文的威廉竟然在瞬间变成恶魔,这样的结果完全在他的意料之外。难道威廉完全不担心他会转身就走,投效对手的公司吗?

威廉怎么会这样做呢?以下就是他的理由:

第一,任何一家公司在未曾与当事人面谈之前,不会写这样一封包含职级、头衔、薪水、工作责任、福利制度、未来计划等细节清楚的邀请信函。显然,对方和泰德已经接触过了,而眼前这封信是泰德拿来要求加薪的幌子。

第二,泰德并没有把那封信拿进我的办公室给我看,而是在生产线旁给我的,对我显然不够尊重。再者,泰德的表现明显是在告诉我:"如果你想要我留下的话,就得把我的薪水调高到和另外一家公司所提供的一样多。而且就算我如愿得到想要的薪水,我也只是暂时留下来,等我找到更好的工作就会离开。"

第三,泰德是把信函给我看了,但是他同时也提出了大幅调高薪水的要求。这使我感到很无力，即使我想要留下他，我也无法满足他的要求。更何况，大家都知道，我们公司所给的薪水，已经是同业中最优厚的了，不可能大幅调升。

现在，你可以了解为什么威廉没有接受泰德的要求了吗？他只是要提醒泰德："谈话的主控者是我，不是你。"

谈话结束，威廉回到自己的办公室。他并没有等太久，20分钟后，泰德便来找他并对他说："厂长，信件我撕掉了。"

威廉对这样的结果有何反应呢？他并没有大做文章，或摆出胜利的姿态，只是平常心地说："恭喜你，泰德！我很高兴你留下来，我想你也很高兴。"

珺安小结

掌握权力的人才是真正的主管。第一个案例中，虽然马克是名义上的经理，但高修却在指挥大局，决定做或不做，马克只能配合高修的决定前进。所以，高修才是真正的主管。

第二个案例中，厂长威廉心里很清楚泰德是个很有价值的下属，他不想失去泰德，因为一旦泰德离开了，他这个厂长就无法做得这么轻松。但尽管如此，威廉表面依旧波澜不惊，他不谄媚、不妥协、不退让，他用自己的方式提醒泰德："谈话的主控者是我，不是你。"这才是真正的主管。

七　激励员工有诀窍，引导下属步正途

> 没有外出为公司冲业绩，这可能才是比尔真正做错的地方。至于"里程数"的问题，老实说，员工贪公司一些小便宜、窃用一些私人费用，这种情况不是很常见吗？有些业务员会假借出差、拜访客户的借口出外旅行，这不也是众所皆知的事情吗？

钱宁领军的业务员阵容中，比尔不但业务能力好，而且为人和善，非常受同事的欢迎。他在公司里颇受敬重，每个职员见了他都给予会心的微笑。在内部业务会议中，他会表演模仿秀和变魔术的绝活，使得枯燥无味的会议变得活泼有趣。在孩童的派对聚会中，他也总是扮演圣诞老人的角色。此外，他还加入了志愿者队伍，为许多慈善机构募款，自己也获得许多快乐。

　　比尔与客户的关系极度融洽，钱宁也期许他在业绩上能够再更上一层楼。但令人感到意外的是，在最近一项产品知识测试中，他竟然敬陪末座。

　　比尔："经理，我不需要了解那些产品知识，我的顾客下单给我，是因为他们喜欢我。一个销售员最重要的工作，就是要推销他自己。"比尔与钱宁早就协商好，这次的产品知识测试，不是正式的考核，所以考核分数不列入个人的人事数据与年度评鉴记录。

钱宁知道比尔每星期三下午都有一场高尔夫球聚会。他也知道如果质问这一点，比尔的答案一定是："我要陪客人应酬。"

比尔真的没有问题吗？钱宁虽然担心，但一时之间又想不出，该用什么方法带领这个能力杰出的下属。

例行业务会议时间，当比尔走进会议室时，钱宁正好在看他的业绩报告表。

比尔："嗨！一切都还好吗？"

钱宁："我很好。请坐！"

比尔："今天又要做业务评鉴了吗？我的成绩应该不错吧！我想你桌上的报表就是最好的证明。你最得意的业务员，也是每个人的好朋友——比尔，在公司的 5 项产品销售上都有优异的表现。为我鼓掌吧！"

钱宁："我看到了你在每项产品销售中的表现，不过我也发现这份报表很有趣！"

比尔："钱宁，你的要求我都有达到，这就是事实。"

钱宁："是的。但是我也警告过你，如果让我发现你为了制造业绩而隐瞒订单的话，我就会把你大卸八块。"

比尔："钱宁，你这样说话真是太伤人了。我怎么会做这种事呢？"

钱宁："你不会吗？"

比尔："当然不会。如果我有做，我会被'炒鱿鱼'的。"

钱宁："你最好是没有做，否则我会让你的誓言成真。不过，我从这些报表上发现,你的货款有延迟支付的现象,这不符合公司的规定。任何一笔交易如果收不到货款,就谈不上成交,这点你应该很清楚。报表显示,你有 5 位客户已经超过 60 天未付款,其中 2 位客户未付款时间已经超过 90 天。这已经严重违反了公司的规定。"

比尔:"唉!经理,话也不能这样说啊。我花了好几个月的时间,才好不容易赢得客户对我的信赖,现在你却要我跑去跟他们要钱?这样做不就破坏我辛苦建立起来的客户关系吗?"

钱宁:"客户关系与支付货款是两回事!不论客户是谁,准时付款,都不该影响你和客户的信赖关系。"

比尔:"你的话是没错啦。但是,催账的工作是不是可以请会计部人员……"

钱宁:"不行。收账、催账并不是会计的工作。"

比尔:"要不然……"

钱宁:"够了,不要再推卸责任了。催账是你的责任。我现在把拖欠账款的客户名单给你,下个月的这个时候,我希望他们都如期支付了欠款。清楚了吧!"

比尔:"清楚了!真是的,我本来还以为你会准备在会议上称赞我的销售成绩,没想到却因为这些无聊的延迟账款的问题让我从英雄变成'病猫'。好吧,好吧,等我这个月底卖更多货给他们时,我会让他们尽快把这些账款付清的。这种事情难不倒我的!"

钱宁:"还有一件事,我需要跟你确认。你平常都是开飞机去拜访客户吗?"

比尔:"你在说什么呀,经理,你今天是不是喝多了?"

钱宁:"你看看报表上这几个地点,如果你不开飞机,怎么可能有办法去拜访他们。上个月15号,你的行程是从北部到南部,然后再到东部,一共拜访了5位客户,总里程数高达800千米。我很好奇你开的是哪一型的飞机,怎么到处都可以降落呢?"

"那件事嘛……"比尔抓了抓脖子。

钱宁:"你如果不把这件事解释清楚,就不准离开这间办公室。说实话,这份客户拜访名单是你编造出来的,好让我相信你每天都有认真在工作,对不对?"

比尔:"不,我没有。"

钱宁:"那这些行程怎么可能在一天内跑完?……等一等……"钱宁看着另一份报表,"你确实有取得南部和东部那2位客户的订单……我明白了,你没有去拜访他们,而是打电话向他们要订单,然后把他们列入报表中当成受访者。你这小子!"

比尔:"等一下,经理……"

钱宁:"你还有什么话说?"

比尔:"我必须解释一下。我先前的确有去拜访他们,之后便和他们保持电话联络,并透过电话取得订单。你看我申报的油钱就知道我真的有去访他们,而且我还花自己的……"

钱宁:"花你自己的电话费,因为你坐在家里打电话给他们!上班时间,你竟然待在家里,没有去拜访客,你到底在干什么?"

比尔:"不!不是你想象的那样……"

钱宁:"如果你要让我不开除你,最好有充足的理由。"

比尔:"你不是说真的吧,你不可以这样做!"

钱宁:"我当然可以。你竟然玩两面手法,制造'灵异客户'、在报表上动手脚,想要瞒天过海。这是我第一次发现。我问你,这样的情形有多久了?"

钱宁用手指着报表,继续说:"你很清楚这一栏'拜访',是指亲自拜访而非电话拜访。而另外一栏'电话拜访',你却没有填。由此可见,你是一个闲散偷懒的员工。你办公桌上有电话,你不使用它,却待在家里打电话,好让我相信你开着又小又热的车子四处奔波。"

钱宁看着另一份报表,表情变得更加愤怒。"该死!看看你这个月汇报的里程数。现在我终于懂了,你假公济私地拿私人的里程数去充当拜访客户。你不但在报表上动手脚,还偷用公司资源。比尔,你被开除了!"

比尔面露恐惧地瞄向报表上那些数字。"不,钱宁……"

钱宁:"别再说了,你这个骗子!你给我滚!如果总经理知道这件事的话,他也不会让你继续工作。"

比尔着急地说:"钱宁,请听我说,我知道这样做很糟糕,但是我可以解释……"

钱宁:"没什么好解释的。老实说,你是不是把电话拜访填写为亲自拜访？"

比尔："是的，但是……"

钱宁："你是不是把私人里程数充当为公务里程数？"

比尔："是的，但是……"

钱宁："你被开除了，出去！"

珺安点评

比尔应该被开除吗？

只是一次平常的业务评鉴，最后竟然演变成如此戏剧性的结果？比尔的行为有严重到必须被开除吗？钱宁在祭出"开除"动作之前，是否有思考过以下这些问题？

◎ 自己拿这个理由来开除比尔，是否具有正当性呢？

◎ 既然是第一次发现比尔的不当行为，难道不能把它当成是初犯事件处理吗？

◎ 自己是否因为吞不下被愚弄、被欺骗的感觉，所以执意要开除比尔？

不论钱宁是为了以上哪一个原因，"开除"的处罚太过了！钱宁把焦点放在比尔假造杰出销售成绩，但是他似乎忘了，比尔这样做都是为了达到他的要求。更何况，比尔也不是完全没有优点。

比尔与公司的员工都相处融洽，这点可能是其他业务员都做不到的。他的确是一个不错的团队人员，难道就因为在报表上动手脚和偷用公司资源，就将他开除？

没有外出为公司冲业绩，这可能才是比尔真正做错的地方。至于"里程数"的问题，老实说，员工贪公司一些小便宜、窃用一些私人费用，这种情况不是很常见吗？有些业务员会假借出差、拜访客户的借口出外旅行，这不也是众所皆知的事情吗？

或许，钱宁最无法忍受的是比尔的满口谎言。他制造"灵异客户"，以掩饰没有实际去拜访客户的事实。这种行为在所有主管眼中，绝对是"大忌"。

有位业务经理就曾表示过："我可以容许手下犯任何错误，甚至是严重的错误，但就是无法容忍手下撒谎。只要他们承认错误，不管多么严重的事情，我都可以帮他们解决。但如果他们说谎，我就真的不知道该怎么办了。"

由此，我们就不难理解钱宁的反应了，但是他并没有试着去了解比尔的委屈。

比尔所服务的这家公司，员工不论为了什么理由离职，都要与人事经理瑞德做一次离职晤谈，比尔当然也不例外。

瑞德："比尔，我们这次晤谈的目的，是要找出你离职的主要原因。这次晤谈包含了两个意义，第一，让每一个要离职的人都有机会自由地说明原因，没有人会受到不公平的待遇。第二，让我们管理阶层有机会反省公司是否有不周到的地方。如果公司政策有错，我们会加以修正。为了做到这两点，我需要你的帮助。告诉我发生了什么事？"

比尔愤怒地说："发生什么事？公司为了一点小事情就把我开除。还有，业务经理根本就不给我任何解释的机会。"

瑞德："我并不清楚你离职的来龙去脉，你可以说详细一点吗？"其实他的抽屉里有钱宁所写得完整报告。

比尔："我从2位客户那里取得一些订单，让我这个月有不错的销售业绩。我把他们列入这个月的拜访名单，但是为了节省时间及金钱，我实际上并没有去拜访他们，而是打电话给他们。我想，很多业务员在与客户建立起良好交情后，也会这么做。我的确是拜访他们，是透过电话拜访，但钱宁不认同，所以把我开除了。"

瑞德："我了解。但是如果我记得没错的话，月报表中不是有'客户电话拜访'栏吗？"

比尔："算了，反正我已经被开除了，再多的解释只会更让人觉得我在说谎！"

瑞德："我没有任何预设立场，我只是要知道真相。呃，难道业务经理就为了这个原因开除你？"

比尔："不只！他还拿报表上的里程数大做文章。我是在家联系的客户，但我的电话费比实际拜访的油费还多。所以，我……"

瑞德："所以，你……"

比尔不好意思地说："所以我才把我的个人里程数充当公务里程数。"

瑞德："所以，这才是你被开除的真正原因？"

比尔："我想是吧！"

瑞德："你认为钱宁这样做错了吗？你有站在他的立场想过吗？"

比尔沉默不语。

瑞德："他相信你，比尔。你有没有想过，当他发现你欺骗他时，他承受的打击有多大吗？"

比尔脱口而出："如果我是钱宁，我会更关心我的手下。我会看看他是不是因为家庭负担沉重，而需要一大笔钱。我的销售成绩很亮眼，但显然我并没有得到应有的待遇，公司还欠我一笔比油钱更多的电话费。"

瑞德沉默几秒后说："所以，你认为你只是拿了你该拿的。"

比尔："什么意思，难道你也觉得我说谎吗？所以现在我变成小偷了吗？我并没有拿任何东西，我只是申报了一点油费来弥补我的电话费。这也算是偷窃公司资金吗？我绝不承认。我要走了。"

"离职面谈"虽令人感到困窘，但却能有效找到问题的症结。

人事经理瑞德借由问题引导及适度沉默，成功地从比尔口中套出真正的情况及他的态度。从比尔的言谈中，瑞德的确听到很多耐人寻味的事。比尔以家庭生活高消费为借口，来为他所犯的错误脱罪。这只是一个单纯的辩解吗？或者这是对公司的一种警讯？公司是否需要更深入去探讨业务员的薪水结构？这种问题也许会不断发生在其他员工身上,公司真的可以视而不见吗?

为了这件事,瑞德召开了一次会议,参与者包括业务经理钱宁以及公司高层。经过热烈讨论后,大家得到一个共识就是,虽然绝大部分的员工都能接受公司的薪水制度,但公司还是必须另外成立一个项目基金,以帮助员工解决一些紧急状况,例如家庭的额外开销。

可惜的是,比尔没有等到这个项目基金成立,就已经离开公司了。

珺 安 点 评 ▶▶▶

如果比尔能够得到这笔额外补贴,他是不是就不会去修改报表上的数字?答案是"不可能"。也许他觉得挑起家庭的负担有些吃重,但这并不表示他就会去犯下那些错误。其实,比尔的真正问题在于——他缺乏目标。

一个有确实目标的业务员,绝不会只坐在电话旁打电话给他的客户,而不亲自去拜访对方。的确,电话是十分便利的业务工具,但它只是亲自拜访的替代品。这一点,相信大部分业务员,都是知道的。

但有些业务员,比如比尔,会觉得他和客户已经那么熟了,何必浪费时间再亲自拜访呢?打个电话就可以把问题解决了,何乐不为呢?然而,当他们这样做时,他销售的热情已经开始逐步减少,他的业务生涯也将因此而难有突破。

比尔的问题不在于里程数是个人的或公务的，而是他必须成为一位"即使工作只做一半，也能产生一半工作绩效"的人。只是，钱宁该怎么做，才能激发比尔变成如此性格的人呢？也许，他可以这样做，结果可能会完全不同。

◎ 激将法，逼下属进取

钱宁："比尔，不要再想了。你已经快 30 岁了，而且刚当上爸爸。当你抱怨养小孩费用太高时，你根本就不知道自己在说什么，因为这只是开始，未来的庞大费用都还没有开始算呢！食、衣、住、行、娱乐、医疗保险、教育……所有的费用，正等着你呢！

"不要指望我会帮你加薪，因为那是不可能的事！你知道为什么吗？因为你的工作产值低于我付给你的薪水。如果你要养活一个家庭的话，就需要更多的钱；如果你想要得到更多钱的话，就得自己想办法。

"看看我们部门里的每一个业务员。你认为自己在业务员中的评价如何呢？我只给你 50 分。每个人都知道我们部门内有人会获得晋升，你觉得谁的机会最大呢？如果你是我，你会向高层推荐比尔吗？不，你绝对不会。因为比尔还需要多一点时间磨炼。他虽然业绩亮眼，但也犯了许多错误。他的未来大有可为，发展空间无限宽广，而且现在才开始。

"比尔，你自己好好想一想吧。"

珺 安 点 评

这是最古老的激励方法，而且成功的案例不胜枚举。除了对工作充满极大热情的人以外，其他人都适用这个方法。尤其是对那些整天无精打采、生活没重心，凡事东做一点、西做一点的人，这招最有效。

◉ 正向激励，预见康庄大道

钱宁："比尔，听我说，从今天起，把报表的事情全抛到脑后，我们从头来过。以后你必须要私归私、公归公，好吗？至于拜访客户的事，从现在开始，就据实地填写。

"现在，你要继续保持你'创造好业绩'的优点，并改掉那些会阻碍你成功的缺点。

"首先，你要熟悉产品的知识。你有一个好头脑，而且可以妥善地使用它。我来帮你建立一个产品研究时间表，你只要专心钻研每一项产品，并对它们有一定程度的认识，就能帮助你把产品销售得更好。我要你能够回答产品所有相关的问题。你想，在未来6个月内，你能确实做到这一点吗？

"其次,经常性地拜访客户。虽然我们常听到客户抱怨业务员在浪费自己的时间,却很少提到客户浪费业务员的时间。但这种情况的确存在,也许这是你不愿去亲自拜访的原因,是吗?

"不过,某些谈话,的确更适合面对面时交谈。而且我发现你有一种能力——能把简单的谈话变成长篇大论。你应该好好发挥你的这种能力。比如,你是一个超级球迷,刚好我们的客户有些也是,所以,当你去拜访他们时,他们也许也会喜欢和你聊聊昨天或上星期甚至是上个月的精彩球赛。这种交流有时很难在电话中聊尽兴,你承认吧?这种聊天完全可以成为你与客户之间的润滑剂。不过,你还是要将这种交流控制在一个合理的时间范围,不要只记得聊球赛,而忘了谈生意。

"比尔,这个月我们就从这两方面来努力,到月底时我们会依据你的成绩表现,再进一步设定你下个月的目标。这是你的最后机会,一定要好好做出一番成绩。你能不能重生,就看这次的努力了。其实,你的能力远超过你自己想象,所以何不放手一搏,证明你的实力呢!"

珺 安 点 评

只要找到症结点,你就能以"正向激励,预见康庄大道"的方法,帮助你的手下强将重生。这个方法虽然不是什么点石成金的妙方,但失败概率却极低,值得一试再试。

⊙ 逐步启动动力

这个方法可以在边喝咖啡边聊天的轻松气氛下进行。

钱宁："比尔,你是一个懒惰鬼,这点你和我都很清楚。更重要的是,连我们的总经理也知道。他看到你的那些行为后非常不高兴,认为你不值得被挽留,而我也同意他的看法。所以,你必须证明他的看法是错误的,而且我愿意协助你。毕竟,一旦你离开公司,我就得重新雇用并训练一个新人。

"为了让总经理对你刮目相看,我们必须在 6 个月内修正你的 3 个缺点。

"首先是改掉懒惰的毛病。从今天开始,你必须在 7 点半前抵达办公室和我碰面,然后再外出拜访客户。这也就表示你得早起。你会慢慢习惯的,以后还可能会因此而爱上破晓时刻起床的感觉呢。

"其次是恶补产品知识。比尔,你对产品一无所知,这是无可辩驳的事实!所以从现在起,你每个星期六早上 8 点来一趟我的办公室。想想看,你星期六可在床上多睡半个小时。但 8 点则要准时到办公室见我,我要对你进行产品知识的测试。

"最后的问题是你的拜访不够。别再对我说你有多了解你的工作领域。坦白说,我比你更了解你的工作领域,而且我还要告诉你,你的拜访根本就不够。从今天以后,每个星期五我要在我的桌上要看到一份详细的拜访客户规划书。这份规划书里除了有要拜访的客户名单外,还需要有计划拜访的时间。当你去拜访客人时，会惊喜地发现，我也在那里。"

珺安小结

激发比尔的三种方法都很和善，没有抱怨和争吵，你只是在告诉他关于他的错误，并针对那些错误提出你的意见与解决方法。你以轻松、温和、平常又不躁郁的态度，引导他步上正途。

如果比尔没有遵循你的要求，则结果的确很难预料；但若他可以再振作的话，将会成为真正优秀的员工。

总之，不管你以何种方式处理比尔的问题，最重要的是——越快越好。

八　调查数据全面掌，主管方可列罪状

"他们都认为你是个'完美先生'。问题是，我要的是勇于开拓的业务员，而不是'完美先生'。康纳，你的确有优点，但是你没主见，你很害怕拜访客户，一个业务员如果害怕拜访陌生人，就称不上是业务员，所以我想你并不适合这份工作。"

康纳在乔治的手下工作已经快两年了，他是乔治的爱将，业绩非常突出，不过现在却有下滑的现象，尤其是"新客户数量"下滑得最严重。

　　康纳和所有人都相处得很愉快，他的客户也都很喜欢他，甚至有客户打电话给乔治，称赞康纳是一位"完美先生"。

　　康纳做工作总是有条不紊，上班、开会准时，服从上司指令，工作卖力，而且从没惹过任何麻烦。若不是他最近业绩出现下滑的情形，乔治根本就挑不出他任何缺点。

　　康纳曾经说他喜欢贩卖东西，说他喜欢挑战以及接触人群。他过去甚至还信心十足地对乔治说："我希望有一天能够成为经理。"但是，他现在拜访新客户时似乎很勉强；参加所有的销售会议时，除非被问到问题，否则他都不加入讨论。

　　在这家公司，每位员工到年末都要填评鉴表，他们必须在不同项目上为自己的表现打分数。评鉴表除员工要进行自我评鉴外,主管也必须对下属做评鉴,因此乔治的手上也有一份相同的表格。

此时,康纳正在乔治的办公室里晤谈,已经进行了半个小时。

乔治:"在报告准时度及报告内容上,你给自己打多少分?"

康纳:"9分和8分。"

乔治:"不,应该全部都是10分。你的报告一直都提交得很准时,内容也写得很详细。"

康纳谦虚地说:"谢谢。"

乔治:"你不必谦虚。虽然是为自己打分数,但还是要讲求客观。关于产品知识的项目呢?"

康纳:"8分。"

乔治:"我认为给6分都还算有点太高了,这方面你得多加强。客户来源呢?"

康纳:"8分。"

乔治:"这个项目哪里有8分,我认为只有5分。"

康纳丧气地问:"只有5分?"

乔治:"康纳,说真的,你根本不了解你的客户。虽然你都准时交出客户拜访卡,但是里面的数据并不正确,也没有随时更新。"乔治拿出一张客户卡给康纳,"你看看这张精工科技的拜访卡,你在上面填的联络人是李不云先生,对吧?"

康纳:"是啊!我每次去拜访这家公司时都会看到他。"

乔治:"为什么?"

康纳:"你是说为什么我会拜访他吗?因为他是采购人员啊。"

乔治:"他不是采购人员,而且你也把他的名字写错了。他不是李不云,而是李布云,而且他不是采购人员,而是仓管人员。你为什么会认为李先生有采购潜力,他们公司的订单通常都小于10万元。"

康纳:"我知道他们的订单小,但是只要我在李先生身上下工夫,订单金额很有可能会变大。"

乔治:"订单金额不会变大的,康纳,因为李先生只有10万元的采买限额。这家公司每年向宏海科技采购的金额超过100万元。你知道为什么吗?因为宏海科技的业务员每个月都到精工科技的办公室去拜访采购人员,不像你老在仓库和李先生喝茶聊天。"

康纳低着头不语,不知如何回应。

珺 安 点 评

乔治有掌握正确的沟通态度吗?乔治对康纳的态度是否太严厉?在指出康纳对客户的互动太少时,乔治的口气确实有点不佳。如果他的态度可以温和一些,也许结果会不一样。很显然,康纳的个性并不是很坚强,当受到主管如此对待时,他是否会因此而退缩,再也无法振作起来?

谈话继续。

乔治："康纳，我真正的意思是指'你的客户知识很少'。你甚至连谁是真正的采购人员都不知道。"

康纳："我很抱歉！乔治，可以告诉我那个采购人员的名字吗？我明天就立刻去拜访他。"

乔治："我不会告诉你的。我要你交给我一份完整又正确的客户采购人员名单，以及你下手的机会在哪里。一个月后，我要看到这份资料放在我的桌上。好了，接下来的项目是员工关系，这一项我给你9分。你和公司的同事都处得不错。你重视他们的问题，也不浪费他们的时间。"

康纳稍稍松了口气："谢谢！"

乔治："不要再谢我了！这些都是你的表现所应得的分数。再来是销售量，这个项目我不知道你怎么评分，但我给你的分数绝对不超过3分。你前两个月的销售曲线看起来怪怪的，怎么回事？"

上一个项目才让康纳觉得自己做对了事，现在一听到乔治说"绝对不超过3分"，他的心又开始往下沉。

康纳："你知道的，最近所有的业务员都遇到困难……"

乔治："我现在讨论的是你，不是所有人。不过，既然你提到所有业务员，那么不妨来看看这些报表。你看，7个人中有3个维持原来水平，2个稍微下滑，2个微幅成长，只有你的曲线是持续下降。为什么？"

康纳不高兴地说："我不知道！乔治，我也想到头都快破了。"

乔治："有想出结论了吗？"

康纳:"没有。"

乔治:"好的,那我们就一起来想。业务员想要创造好业绩有几个方法。第一,提升拜访客户的频率以增加他的信任;第二,增加业务量。也就是说,在指定的月份内说服更多的客户。对吧!"

康纳:"对。"

乔治:"最后,只要增加平均订单价值,例如把客户2万元的订单换成5万元,业绩就可以上升。"

康纳:"是的。"

乔治看着另一份报表:"康纳,这是你上一季度的业绩报表,你的业绩低于公司总平均数的31%。"

康纳:"哦?"

乔治:"再来是客户拜访频率,你低于公司总平均数的20%。"

康纳:"哦?"

乔治:"还有平均订单额。公司总平均分是3.7,你的分数是2.3。对于如何提升业务量,我想说的是,还有另一种渠道,你知道是什么吗?"

康纳面无血色,颓丧地说:"我不知道,乔治。"

乔治摸了摸报表:"我们再来谈谈现在的客户吧。没错!我们要和他们保持密切关系,经常去拜访他们,提供给他们好的服务。但是,新客户呢?想让销售曲线持续上升的最好的办法,就是开发新客户。康纳,你知道目前在这方面,表现最好的两位业务员是谁吗?"

康纳:"瑞德和班恩。"

乔治："瑞德和班恩常常在前两名，还经常拿奖金。"

康纳："是的。"

乔治："你知道他们厉害在哪里吗？因为他们总是不停地在寻找新客户。"

康纳最深的恐惧感被一语戳中了："我了解，经理。"

乔治："一个好的业务员就要不断地开发新客户。让我们看看你的开发成绩吧。"

康纳觉得天就要塌下来了："我不确定。我……"

乔治就快要失去耐心了："康纳，如果你拿不出名单的话，你的麻烦就大了。"

康纳紧张地在他的文件夹里翻了又翻，然后犹豫地递出一张纸。

乔治瞄了名单一眼，然后把它丢在桌上并闭上眼睛："这就是你的客户名单？"

康纳："那不是最新的名单，我还有好几个名字没有列进去。"

乔治看着康纳："康纳，我该拿你怎么办呢？我应该在谈话一开始就跟你要新客户名单，这样我们就不必浪费这么多时间和精力谈这么多。我们部门里的每个业务员至少都有50个新客户，瑞德更是有125个新客户。而你这份名单里面只有11个人，其中3个客户还是两周前拜访的。这到底是怎么回事？"

康纳摇摇头："我……"

乔治："当我的业务员开始表现不正常时，我就必须找出原因。这是我的职责。好了，接下来的项目是产品信心、员工关系、自身健康。这几项看起来不错！"

康纳："谢谢！"

乔治："别再谢我了，康纳。我把你的报告仔细看过，找不到任何会让你的业绩如此惨不忍睹的原因？前一阵子，你花了两个星期取得亚诺公司的订单后，亚诺的经理还打电话跟我说，你是他看过最勤劳的业务员。所以，我怎么想都不明白你到底哪里出了问题。"

康纳："乔治，我知道我现在状况很糟糕，但我保证我会改过的。"

乔治："康纳，别误会我。我并没有说你现在不好，我只是说你不适合。我刚刚又想了想，觉得问题的关键可能是因为你不适合做业务员。你还记得上个月我曾经提醒过你友旺公司总经理的事吗？我跟你说过，他很希望我的业务员去拜访他，向他介绍我们的产品？"

康纳："我记得。"

乔治："我后来又提醒了你三次，但你总有一大堆借口推辞，最后我只好叫别的业务员去。显然，你不喜欢拜访客户，尤其是新客户。你的拜访行程里面全是你所熟识的客户，因为你在那里受欢迎，而且卖东西给他们也没有任何困难。

"他们都认为你是个'完美先生'。问题是，我要的是一个勇于开拓的业务员，而不是'完美先生'。康纳，你的确有优点，但这些优点不能帮你掩盖你的不足，你很害怕拜访客户，一个业务员如果害怕拜访陌生人，就称不上是业务员，所以我想你并不适合这份工作。"

珺 安 点 评

　　看起来好像康纳一定会被开除！这难道是一个好主管所想到的最好解决方法吗？如果真是如此，那么乔治是否太容易就放弃了？难道乔治没有更好的方法留住康纳吗？

　　康纳并不是刻意不做事，他只是因为害怕而不敢做事，但这并不是他的错。我们暂且不去管乔治是否忽略了康纳在其他方面的贡献，或者问乔治当初雇用康纳的初衷。现在我们要问的是："有没有办法留住他？"

　　训练康纳，这个办法如何？让他接受"强化企图心训练计划"，可以改善他的问题吗？

　　老实说，这个方法只是在浪费公司的金钱与康纳的时间。因为训练只能强化康纳个人本来就有的技能，但无法改变他的个性。而从康纳身上，我们看不出来还能加强些什么。

　　有时候，我们必须停止欺骗自己，别再认为自己有能力让一个人适合某份工作。

　　我们可以修饰掉一个人的棱棱角角，帮他去除缺点、擦亮优点，并加以雕塑，好让他符合工作的需要。但是，做以上工作的前提是，这个员工首先必须具备符合这一工作岗位的个性及能力，这样，主管才有能力强化、雕塑他。当一个主管所带领的员工缺乏"个性与能力"的特质时，即使是最好的主管也

八　调查数据全面掌，主管方可列罪状

会变得无助。

在这里，我们看到乔治竭尽所能地帮助康纳，想要让他成为一名真正的业务员，但他失败了。他的失败并非他的错误，因为当他发现错误时，他并没有犹豫不决，而是立刻采取行动。

从他与康纳谈话的语调，我们可以感觉得出他的冷酷和独裁。但或许我们应该想到的是，一个主管花了那么多时间和精力在一件毫无结果的事情上时，他会多么地失望。

不过，乔治做得很好的一点是，在开始谈话前，他就已经掌握了许多数据，所以能够掌控谈话的情势。

他唯一缺乏了解的是康纳的客户名单。这份名单若没有康纳本人提供，乔治是无法看到的，但一旦取得了这份名单后，康纳这个案件也就完结了。乔治可以宣判康纳的"罪状"。

珺安小结

本案例最后有个好结局。公司最后采纳乔治的建议，将康纳转为业务部咨询师，让他充分发挥他擅长的劳力工作以及纸上作业等。乔治后来还在康纳的婚礼上演讲，而且演讲的内容比他们上述的谈话有趣多了。

九　确认能力及动机，再委重任给员工

> 苏菲在宝琳的手下工作已经5年，她称不上是个厉害角色，但的确是个努力又有竞争性的下属，最近，宝琳把她升职为部门主任。
>
> 坐上主任位子没多久，苏菲便开始后悔了，因为她指挥不动几名手下。为了这件事，宝琳几次约谈她，她每次都保证一切都没有问题，但其实她是把小组的大部分工作带回家独自完成。

苏菲在宝琳的手下工作已经 5 年，她称不上是个厉害角色，但的确是个努力又有竞争性的下属，当她把自己分内的事情做完时，还会主动去找其他事情做。因为这些原因，宝琳最近把她升职为部门的主任。

只是，坐上主任的位子没多久，苏菲便开始后悔了，因为她的小组里出现了一些令人头痛的问题。她的几个女下属经常窃窃私语不做事。每当这种情形发生时，她的解决方法是"暂时不过问"；但若是她们继续如此散漫，她就会对她们破口大骂，最后的结果往往是：苏菲的眼泪以及上级不时地约谈。

宝琳为了这件事约谈过苏菲几次，但苏菲每次都向她保证一切都没有问题，显然，苏菲不想谈这个问题，虽然苏菲小组里的工作确实都按时完成了，不过，宝琳猜想，那些工作应该大部分都是苏菲自己做完的，因为她看到苏菲每晚都带着沉重的公事包回家。

宝琳决定不管苏菲是否愿意，她都要和苏菲好好地谈一谈这个问题。她认为最适合的谈话时间是下班后，因为那个时候最不会受到打扰，其他同事也不会看到这个比较秘密的谈话，而使得消息在公司内四处传播。

某天，宝琳不经意地问苏菲，下班以后是否可以留下来？苏菲紧张地答应了。苏菲的紧张并不意味什么，因为她一直就是这样。

宝琳准备好咖啡等候苏菲。当苏菲敲门并进入办公室时，宝琳立即走过去把门关上。紧张又谨慎的苏菲一开始拒绝喝咖啡，只是坐在椅子的边缘，双腿紧紧并拢，瞄着桌上的咖啡杯。

宝琳轻轻地敲了一下桌上的一叠卷宗："苏菲，这些是你今天早上提出的每月成本回收报表。"

苏菲露出吃惊的表情："经理，这些报表有什么问题吗？"

宝琳："这些报表都很正确，而且你也准时完成了。"

苏菲大大地吐了一口气。

宝琳翻了翻档案："苏菲，告诉我，这些表格是谁做的？"

苏菲："什么……谁做的？我不知道你在说什么？"

宝琳："老实说吧！是你的哪一个手下做的？莉莎还是贝拉？"

苏菲犹豫了一下："怎么了吗？这次是我做的。她们都忙着帮林主任做市场评估计划。"

宝琳："上次的资料也是你做的，对不对？"

九 确认能力及动机，再委重任给员工

苏菲用几乎听不见的声音说："是，是啊。我总不能整天都没事做吧。"

宝琳："你的确不需要做事，这正是我要跟你谈的问题。苏菲，根据我的估计，过去3天，你每天在家里工作至少3个小时。这种现象是不对也不应该的，你根本就不需要把工作带回家做。"

苏菲："可是这星期的工作比较多，我总不能叫下属加班。"

宝琳："那我们就来谈谈你的下属。星期二，莉莎外出大约两小时；星期三，贝拉迟到40分钟。我没有说错吧？"

苏菲："莉莎跟我请病假去看医生，贝拉迟到是因为火车误点。"

宝琳："莉莎根本不是去看医生，她是去做头发吧！至于贝拉嘛，她刚好和我搭同一辆火车，我记得那天火车并没有误点。"

苏菲的脸越来越涨红，眼眶里也充满泪水！

宝琳："我并没有要打听你和你手下的事情，只是事情一件接一件地发生，我没有办法不去注意。从所有事情看来，似乎是你有了麻烦。"

苏菲用力擤了擤鼻子："你没有带过她们，你不会明白的。她们都不听我的指挥……"

宝琳："那么你认为我们现在应该怎么解决你的问题呢？只要你开口，我明天就解雇她们。"

苏菲震惊不已："不行……"

宝琳："为什么不行？"

苏菲："因为那并不是她们的错误。"

宝琳："不是她们的错？那是谁的错？"

苏菲："是我，是我的错。她们并没有错，她们是好员工，但我似乎不是个好领导，我实在不该接受这次的升职。我知道我不适合坐这个主任的位子，是你说我可以的，而且我也不想让你失望。但是现在，我真的让你失望了。"苏菲的眼泪再次夺眶而出。

宝琳："好了，苏菲，我并没有责怪你的意思。这些事情都不是你的错，如果真要论过错的话，那就是我的错。"

苏菲："不！"

宝琳："是我的错！我不该没有事先把你训练好，也没有让你做好准备，就把你升起来当主任，是我没有想清楚。不过现在说这些都于事无补，我们应该重新开始。现在，我要你把你小组的工作范围及责任都列在这张纸上。你做得到吗？"

苏菲："经理，我在接下主任这份工作时，就把那些资料都写好了。"

宝琳："很好，那么接下来就将它分为三部分——两大部分和一小部分。你认为谁该负责两大部分的工作呢？"

苏菲："我想是贝拉和莉莎。"她的音量越来越小。

宝琳："没错！那谁该负责小部分呢？"

苏菲胆怯地说："我。"

宝琳："对，你的工作就是'多管少做'，这点你自己应该也很清楚！你是部门主任，你的职责不是自己去做，而是监督手下去做。对吗？"

苏菲："对！"

宝琳："还有一件事。我很懊恼没早点让你去做这件事——你必须去上课。"

苏菲："上课？"

宝琳："对，去上管理技巧的课程。我把你升上主任的位子，却无法训练、帮助你做好准备，所以我要你去上课，而且公司会资助你课程费用。这套课程包括领导哲学、人际关系、时间管理、工作组织等，它会让你学到需要的东西。怎么样？"

苏菲："听起来好像还不错。"

宝琳："还不错？苏菲，它绝对不止'还不错'。它能帮助你迈向成功的道路。所以从这个星期开始，每个星期三你都得去上课！过去发生的事情我们就把它忘了，一切重新开始。我们已经把每个人的职权和工作内容都划分清楚了，等你学会做一个有效率的领导后，你就没有理由再做一堆你不该做的工作。"

苏菲："是的，经理，谢谢你。"

问题终于解决了，一切都照着宝琳的规划进行。现在，每个人的职权和工作内容划分清楚了，苏菲的两名下属莉莎和贝拉负责大部分工作，苏菲则负责监督她们的工作进度、检查工作内容及准确性。她只需做一些决策性的工作。

宝琳还把莉莎和贝拉叫进她的办公室，指责她们过去不当的工作态度,并警告她们,在工作职权和内容划分清楚后,如果再不确实遵守,后果得自行负责。

宝琳坚信苏菲在上过管理课程后,必定能够更好地处理现在及未来可能面临的问题。她也非常满意自己能够圆满地解决这件麻烦事。对此,她还不断地向上司夸耀自己的功劳。

珺安点评

你对宝琳处理这件事情的看法如何?你觉得她处理得很圆满吗?或者她可以有更好的做法?

苏菲的个性需要给予刺激才能勇敢跨出去。由于宝琳和她长期相处,无形中便产生一种想要不断刺激她的欲望,但是当她以强烈且直接的态度去刺激苏菲时,却又不希望影响苏菲。

表面上看起来,宝琳并没有错。然而事实上,为了挽救苏菲,宝琳所花的时间比自己想象的更多。由于苏菲是她提拔的,她不想承认自己做了错误的选择,所以只好拼了命地帮助苏菲,好证明自己的选择是对的。

宝琳的行为正好反映出一种心理状态:在违背常理下,一个主管所采取的任何行动,其目的都只是为了掩饰他过去的错误决定,或为了保住自己的颜面。

九　确认能力及动机，再委重任给员工

这正是宝琳所做的事。她为了掩饰自己的错误决定，不得不维护苏菲，而且她相信她的补救办法一定能奏效。

苏菲去上了宝琳为她安排的一连串课程后，带回来一堆使用手册、笔记，以及一些"工作丰富化""质量循环"等方面的资料。她摆出领导的姿态，告诉莉莎和贝拉她们的新职责与工作内容。她自信地向宝琳承诺，一切没有问题。

一个月后，公司其他部门开始抱怨，说苏菲的小组回复太慢，给的数据数字不正确、用词也不对。

贝拉提出辞职。在她和宝琳的离职谈话中，她言语闪避，只是生气地表示，其实她只需要调整一下工作方式和态度即可，但是她的上司似乎不置可否。苏菲没有任何责骂或抱怨，只对贝拉说了声"祝你好运"，就要她走人！

贝拉离职后，苏菲另外雇了一个人，而且选人的标准完全依照课程上的指示。但是，情况并没有因此而获得改善。

宝琳的耐心已经完全被磨光了。她忍无可忍地把苏菲叫进办公室。这次的谈话气氛似乎有点不一样，而且宝琳的态度也不似以前那么温和、有耐心。

宝琳："苏菲，你到底在搞什么鬼？"

苏菲："什么搞什么鬼？"

宝琳："喂！小姐，你知道我为什么叫你来吗？因为你的小组不断地

出错,致使我每天要应付一连串来自其他部门主管的抱怨,你到底怎么管理你的小组的?"

苏菲:"我……这几天我们小组的工作好像比较多,而且我的几个手下……"

宝琳:"我已经观察你6个月了,难道这样还不够吗?苏菲,你的手下不但没有准时完成工作,做出来的东西也不准确。那些工作并不难呀!莉莎说她没有问题。还有那个新人……她叫什么名字?"

苏菲:"美如。"

宝琳:"她也可以胜任那些工作,不是吗?"

苏菲:"是的。"

宝琳:"苏菲,我们几个月前就约定好的,我们决定要有具体的改变,而且我们也真的去做了。你去上了培训课程,同时我们也把职权和工作内容都划分得很清楚了。我以为事情终于圆满解决了,但是现在情况却变得更糟糕。你可以告诉我,到底哪里出了错?"

苏菲委屈大哭:"我不知道。经理,我真的不知道。我真的很不快乐。"

现在,宝琳该怎么做?他已经竭尽所能去帮助苏菲,帮她确认工作领域,为她安排最好的培训,但是苏菲的表现不但没有达到她的预期,反而变得更糟糕,而这一切都是因为她的个性与能力不适合这个职位。

难道要解雇苏菲吗?但是,要解雇苏菲谈何容易。苏菲并没有向宝

九　确认能力及动机，再委重任给员工

琳要求升迁，如果就这样被解雇，那对她将会是多么大的打击。

当初，宝琳把苏菲叫到办公室，对她说："好消息，苏菲。我非常肯定你的工作实力，所以从下个月开始，你是我们部门中的一名主任了。你会有你自己的办公室，有两名下属，还加了薪水，是不是很棒呢？"

珺 安 点 评

苏菲接受了这样的安排，但是她并没有被询问是否愿意接受这份工作。更重要的是，她甚至没被告知未来的"职权与工作范围"，也没有被询问"你认为你可以胜任吗"。这个升迁有如上司的一道命令，而非征询。

对于任何一个接受这种命令的人，这都是个新挑战。他们心中可能会产生一种想法——是我的上司要我接受这份工作的，并非我主动要求，所以，如果我的表现不理想，那也是上司的错。

"到底哪里出了错？"这个问题宝琳也很想知道。我们就来做一些基本面的假设，并由这些假设找出真正的问题所在。

假设：

◎苏菲的小组的工作量并不会太大；

◎两名下属都有受过充分训练；

◎苏菲可以处理部分的纠正工作；

◎工作环境、薪资、福利都不错；

◎宝琳在工作上够专业。

如果上述的假设都成立，那么就只剩下一个人有问题——苏菲。她的问题并非出在专业上，而是管理上。

显然，苏菲不适合管理的工作。从她的个性、潜在人际关系都可以清楚地看出来这一点。不论她接受了多少培训，她就是无法管理人，而这正是她的上司无法接受的地方。培训，毕竟只能给苏菲弹药，她还得要带自己的枪上场作战才行。

其实，要避开苏菲面临的灾难并不难，最重要的是要评估两件事——动机及能力，即苏菲能够胜任这份工作吗？她会想要接受这份工作吗？

宝琳深知她不能解雇苏菲。她知道她一开始就错估苏菲的能力及动机，后来发现苏菲根本无法胜任主任的工作时，她也知道不能让苏菲在目前的岗位上继续待下去。

现在，她确定苏菲只能做事、不能管人，所以，她解决这个问题两全其美的方法就是：第一，另外帮苏菲安排其他职位，让苏菲可以发挥其准确的做事才能，以及能者多劳的个性。第二，这个职位必须要让苏菲表面看起来不像被降级，而且是需有责任感但不需要管理别人的工作。

在经过苏菲的事件后，宝琳也学会了一点——再找另一个人代替苏菲时，一定要先评估其能力及动机，避免旧戏重演。

九　确认能力及动机，再委重任给员工

珺安小结

　　表面上看起来，宝琳并没有错。然而事实上，为了挽救苏菲，宝琳所花的时间比自己想象的更多。由于苏菲是她提拔的，她不想承认自己做了错误的选择，所以只好拼了命地帮助苏菲，好证明自己的选择是对的。

　　其实，要避开苏菲面临的灾难并不难，最重要的是要评估两件事——动机及能力，即苏菲能够胜任这份工作吗？她会想要接受这份工作吗？

十　人情薄凉"新时代"，忠诚员工何处来

> 泰瑞是你最优秀的员工。你在5年前亲自录取、训练他，还一路提拔他。他受到高层赞赏，也是你更上一层楼的最大幕后力量。某天，他对你说他会跳槽到竞争对手那里。他说："格利企业提供我非常好的条件，我的未来就在那里。"
>
> 泰瑞离开办公室后，你可能会感慨："这个年头，难道员工的忠诚都已经不存在了吗？"

泰瑞是你最优秀的员工。你在 5 年前亲自面试、录取他，然后训练他并提拔他。你很骄傲地看着他由一个什么都不懂的"菜鸟"员工，变成你的部门里的核心人物。你的上司每次看着你部门的总体表现，就不停地点头称赞。你知道你要再更上一层楼的日子不远了，而这一切的最大幕后功臣就是泰瑞。某天早上，泰瑞敲响了你的办公室的门。

　　你："请进。你什么时候变得这么客气，开始想到要敲门，然后等候指示才进入办公室了？"

　　泰瑞："能给我几分钟吗？伟德。"

　　你："可以，坐！咖啡好吗？"

　　泰瑞："不了，谢谢。这实在有点难开口，伟德。我……我可能会接受别的公司的工作。"

　　你："你在开玩笑吧？"

泰瑞："不，我没有开玩笑。我在这里已经待太久了，而且都只是做一些帮忙训练新人的工作。所以我……"

你："等等！该死，泰瑞，你知道你在说什么吗？你怎么可以在这个时候说你要离开？"

泰瑞："抱歉，伟德。我并没有另谋发展，是格利企业主动来找我的，而且我也答应了。他们提供的工作内容非常吸引我，我实在无法拒绝。"

你："但是，你现在丢这么个难题给我……"

泰瑞："伟德，我也是昨天晚上和我太太讨论到半夜才决定的。你是公司目前唯一知道这件事情的人。"

你："可是，为什么？泰瑞，这是为什么？"

泰瑞："伟德，我做这个决定的理由有很多，不单纯只是薪水的问题。这并不是个匆忙的决定。我觉得我的未来就在格利。"

你："我该怎么做才能改变你的心意呢？你非走不可吗？"

泰瑞："是的，一定得走。"

当泰瑞离开你的办公室后，你可能会感慨："这个年头，难道员工的忠诚都已经不存在了吗？"

珺 安 点 评 ▶▶▶

坦白说，你这样的反应是很正常的，泰瑞毕竟是你一手提拔出来的，你把他带入这个领域，让他有今天的成就。你在他身上倾注了多年的心血，训练他、栽培他，让他出类拔萃。现在，有人要从你的手中抢走他，而他竟然也不顾情义地准备转身离开你。

不过，换个角度来看，这对你而言也许是种解脱，因为泰瑞就是个如此"薄情寡义"的人，否则当他回顾多年来你对他的栽培与照顾时，又怎会完全不顾情义呢？难道，你的未来一定要靠他来成就吗？

员工的忠诚都到哪里去了？是否已经死了呢？

面对忠诚的问题，有些主管会高兴地说："我们的员工对公司有强烈的忠诚度，因为我们公司员工的离职率低于2%。"

但也有些主管会生气地说："现在的员工哪里还有什么该死的忠诚意识呀！"

甚至有越来越多的人认同："现今这个时代，忠诚这种美德早就被利益所取代了。那些对下属要求忠诚的主管，思想未免太封闭了。毕竟，追求成功的未来与更好的生活是人之常情，就连主管也不例外。"

其实，在抱怨下属没有忠诚度之前，主管更应该问问自己，是否知道在所带领的下属中，有多少人是：非常满意他目前的工作；真的非常优秀，是其他公司愿意高薪诚聘的对象；其他员工都对他有鲜明的印象；若是他想要明日就换工作，绝对不会有问题。

珺 安 点 评

如果你真的有这样的员工,你是否问过自己:"一个炙手可热的员工,为什么要死心塌地地跟着我,我凭什么能够让他忠心地留下来为我效力?"

在询问过许多位主管后,我所得到的7个答案是:

◎我给他非常好的待遇;

◎他在这家公司非常有前途;

◎公司在未来的30年内,每年都会有非常丰厚的年终分红;

◎公司的福利制度比其他企业好;

◎他已经习惯了一起工作的伙伴,如果换环境不知道能不能适应;

◎他家离公司很近,孩子上学方便,他不想换公司;

◎他害怕改变。

好的,现在问题来了。我想请问这些主管们:"告诉我,这些答案跟忠诚度有什么关系?"

其实,这7个答案都与忠诚度无关,所以主管们不该把它们视为忠诚度的指标。身为一个主管,你必须理解到一个重点——你会得到人才,也会失去人才,这是人们追求美好生活过程中必然的现象,也是商业环境脉动的一部分。说穿了,这些项目都是公司为了让员工努力做事所付出的代价。

你的优秀员工愿意留下来为你工作，并不是因为他对你忠心，而是因为上面所陈述的 7 个原因。他们要离开公司时，并不代表他们不忠，也不表示主管领导无方，或在某些方面对不起他们，更没有个人因素包含其中。

当一个优秀的员工对你说"我要离开"时，你最重要的工作是，竭尽所能地找出他想离职的原因。是不是因为公司政策、工作环境、福利制度、管理方式等有缺失，让他想离开？如果真的无法留住他，那你能做的就是祝福他。

如果每一个主管都只会大叫："泰瑞，难道你没有忠诚度吗？"他可能会得到泰瑞的响应说："很抱歉！伟德。我想我要先对自己及家庭有忠诚度。"

当然，有些人坚信商业组织中的确存在着忠诚度，不过那是单纯的个人忠诚，而且这类的忠诚度只存在于主管与其下属之间。这种忠诚度必须在双方互相信赖与尊敬的根基下，才能开花结果。它是一种金钱无法换取的工作关系。它与公司的政策、福利……其实没有任何关联。

························ 珺 安 小 结 ························

忠诚度对公司而言一直是个谜思。身为主管，你必须试着接受这个现实，因为员工之所以会待在目前的公司，只因为那个环境适合他，一旦环境改变了，他就会毫不留恋地走开。

"这个年头，难道员工的忠诚都已经不存在了吗？"

不，各位主管们，它从来就没有存在过。

十一　如果是你雇用他，就得亲自开除他

> 高曼，当他被录取到那个不适合他的位子时，他只有29岁。因为主管的仁心，他被留了4年。4年过去，但他却没有比4年前做到更好，而是一直停步不前。现在，他已经33岁了，很难与二十几岁的年轻小伙子竞争。
>
> 主管当初那样对待高曼，真的是仁慈吗？

有一个主管被调到另一家分行工作。他不需再招募任何员工，只要继续领导前任主管的下属即可。对于分行的那些下属，他感觉大部分人都很适应目前的工作，除了高曼。

　　于是，这个主管开始认真分析起高曼。经过调查研究，主管发现高曼当初是受到前任主管的鼓舞，所以才由先前的职位转到现任这个职务上的，但其实，他并不适合这份工作。高曼的业绩谈不上特别糟糕，但仍难以达到公司的要求。主管想开除他，但调查结果还让他发现，最近，高曼的老婆珊妮和别的男人跑了，留下两个孩子给高曼抚养。

　　高曼的能力显然不足，但是主管站在人道主义的立场，还是决定留下他。高曼的人生都已经这么悲惨了，主管又怎么忍心开除他，让他的生活雪上加霜呢！

　　高曼留在这家公司继续工作，但他并不知道主管心中的纠结，就这样,4年过去了。尽管时间过去了,但高曼的能力仍然没有太大的提升,他似乎一直在原地踏步,主管终于忍无可忍,于是他下定决心,把高曼叫进办公室。

"高曼,我真的很抱歉!你这个方案真的行不通,但我也想不出其他更好的方法来帮你。所以,我只好请你走路!"

面对这样晴天霹雳般的消息,高曼毫无心理准备。"请我走路?你在开玩笑吧?为什么?"

"因为你不适合这份工作,你适合比较规律的工作。你现在的这个职务需要更多的创新力,但显然你没办法做得很好。我很抱歉!高曼,当我4年前来这里时,我就发现你有这个问题,我一直相信你会改善,但我试了4年,结果仍一样。所以你现在必须要离开,我很抱歉!"

高曼无法置信地看着他的主管。"你说4年前就发现我就不适合这份工作?"

"是的,高曼。我已经忍耐很久了。但是现在……"

"你这个浑蛋!"高曼愤怒地大吼,"你根本就在浪费我的生命。"

高曼,当他被录取到那个不适合他的位子时,他只有29岁。因为主管的仁心,他被留了4年。4年过了,但他却没有比4年前做到更好,而是一直停步不前。现在,他已经33岁了,很难与二十几岁的年轻小伙子竞争。

所以,主管当初那样对待高曼,真的是仁慈吗?

珺安点评

在不给下属提供反馈的前提下直接开除员工还会导致另外一个问题，那就是让他们感到不解和手足无措。当他们向你询问开除他们的理由时，这时你大概会拿出一张单子，上面列举了他们所犯过的所有错误。而他们的反应一定会是："你怎么以前从来没有提起过？"如果在他们刚刚开始犯错误的时候你就提醒他们，他们也许就会有时间去调整。

你应该把下属存在的问题看成汽车挡风玻璃上的裂痕，当你对员工的表现不满意的时候，你应该在第一时间对他进行提醒和帮助。你拖的时间越久，它就会裂的越严重。如果在经过提醒之后，这个下属仍然无法进步，这个时候再辞退他，这样无论是这个员工自己，还是团队中的其他成员，都会理解你的这个做法，而不会对你产生不满。

就像案例中的高曼，他愤怒，不只是因为主管要开除他，而是主管明明在4年前已经知道他存在问题，却从未告知他，让他自认为自己一直做得很好。他4年的工作完全失去意义。不提出改进的措施，只是碍于"道德"执意留住一个无法适应公司的下属，从长期来看，这样做不仅会伤害你的公司，还会对这个员工也造成伤害。

而且，高曼事件很可能还会引发更严重的后果，即其他一直认为自己工作不错的员工，也会失去安全感，因为，他们并不知道主管内心的真正想法，他们会认为，也许，下一个被"炒鱿鱼"的就是自己。人心浮动，这个团队再想创造佳绩，将会难上加难。

曾经，有一位主管在参加管理培训课程时，对讲台上的老师提出一个问题："可不可以告诉我，为什么所有的管理培训课程，都只教导主管们如何选择、雇用员工，却没开除员工的课程？"

这是一个多好的问题。

"你被开除了！"主管们经常把说这句话的责任交给别人去做。其实，这通常是胆小的主管为了避免难堪，或不想让自己留下不好的记录，阻碍了未来可能升迁的机会，于是找来代罪羔羊为他背罪名。

劝你千万不要这么做！当主管，有很多事情可以委任手下去做，但是绝对不可以是这件事。请务必牢记一句管理学上的金科玉律——如果是你雇用他，你就得亲自开除他。

开除员工的理由可以是很简单的。当你要开除一个表现不好的员工时，你可以清楚又大声地宣称：

"我对你已经无能为力了。我原本以为在我的领导下，你可以达到某个水平，但我发现你根本就达不到我的期许。"

这位主管可能没有把解雇下属的原因清楚地表达出来，但这始终是他的决定，而且他有权如此做。

没有主管喜欢开除人，可它是管理学中一定会存在的一环，但是糟糕的是很多主管却不知如何做好这件事情，在必须将下属开除时，很多主管总是显得畏首畏尾。还有很多主管，干脆就极力避免这样的事情，不断忍受着员工犯错，直到公司被拖垮。

但是作为一名主管，你必须学会狠下心来，用最正确的方式做好辞退员工这件事情，而且清楚地知道何时需要辞退员工，也是一项重要的工作。

◎ 员工违法

下属曾经在公司被逮到偷窃、盗用公款或诈欺客户等。这时，你应该不给他任何机会，毫不犹豫地开除他。

这种是最简单的开除下属的情况，毕竟他是因为犯了刑法而被捉，除非有得以减轻罪刑的理由，否则这种行为丝毫不值得同情。

但是，如果是你指认他的刑责，而且据此当做开除他的理由，却可能会替你带来身为主管从未经历的大麻烦。如果你处理不好，那个被你指认的下属很可能会跟你闹上董事会，甚至闹上法庭，使得你的公司因为这件事蒙上一层不光彩的阴影。

珺安点评 ▶▶▶

首先，你必须确定你的指证是事实，如果你没办法证明的话，一旦闹上了法庭，你可能还会因此丢了差事。第二，如果你确定真的有这种事,那最好和专家谈谈。你的公司一定有付大笔的顾问费用给律师。注意,开除员工的人并不是他们而是你,如果你的离职谈话连累到公司卷入诉讼,或使公司让民众产生不好的观感时,律师们就会站在公司的立场介入,但对你将不见得有好处。

确保证据确凿后,其实,这个离职谈话并不困难。你只需要把事实一一列出来,并且向他表示,公司并不需要雇用一个表现如此恶劣的人。也许你可能感觉失信于他,而对自己生气,毕竟你雇用了他,而且当初也对他承诺公司会提供最好的平台,让他施展自己的才华,现在你要把提供给他的平台收回,这的确会让你觉得懊恼,但你必须明白,不能生气,因为生气于事无补,如果事件不及时解决,反而会让公司损失更多。

◎ 制造事端

挑衅上级权限,刻意做一些恶意行为惹得同事们群情激奋,常常是主管开除员工的一个重要的理由。

解雇这类人应该没有任何困难,你只要平心静气地将事实摆在他的眼前,同时你要让他有机会说明原因,看看是否有任何你未曾注意到的缘由或重点。如果他的说明毫无说服力,那么就可以毫不留情地开除他。

虽然错误100%来自下属，你认为开除他绝对合情合理，不过，有时仍会发生一些突发状况，会让你不知所措。

有一个年轻主管就因为这个理由而开除员工，但那件事却对这个主管造成巨大的冲击。他表示，虽然他开除员工的理由和决定都很正确，也别无选择，但开除那名员工后，却让他经历了人生中最可怕的一件事。

开除员工的第二天早上，那名被开除员工的太太出现在公司大厅，手上抱着一个孩子，背后还背着一个婴儿，她情绪激动地冲进这位主管的办公室，哭着为她的老公求情，并表示她先生如果真的被开除了，她和孩子将会活不下去。

那位主管一看到这种场景，脸色瞬间变得铁青。此后，每当有人对他提起此事，他都会大喊着："天呀！我再也不想看到这样的场面了。"

珺安点评

不幸的是，如果他还要继续当主管的话，他就无法避免这种情形的发生。也许日后的情节不会像这次这样戏剧化，但是泪水、哀求的戏码是免不了的，而且这些戏码不只女人会，男人其实也会。主管要做的，就是让自己的"心"更加强大。

⊙ 能力不足

企业中总有一些那样的员工，他们工作认真、勤勤恳恳，交代给他工作，从来没有一句怨言，他的工作态度常常让你觉得很自豪——看，我的下属多么尊重我。只是，每当他提交工作时，就会让你头疼病发作。因为，虽然他态度端正，但工作总是无法达到你的要求。

他不够聪明、反应不够灵敏、表达能力差，反正，他在许多方面的能力都不足，使你得花更多时间去照顾他、监督他，以便查明他能力不足的原因，他也很乐意被你照顾和监督，而你丝毫看不出他有偷懒、缺乏动力的倾向。

珺 安 点 评 ▶▶▶

我觉得，如果你是那名员工的主管，你要做的就是同时雇用两名员工，使用所有能够测试出这两个人的能力的技巧，科学地评判最后决定要留下哪一个。

因能力不足的理由而遭到开除，那的确是件令人很难堪又伤心的事。在这种情形下，你最重要的工作就是尽可能地保留对方的自尊。毕竟，对方不适合工作甲并不代表他也不适合工作乙。或许你可以跟他说，如果公司有工作乙的机会，就不会让他走。或者，你也可以利用你自己的关系和人脉，帮他另外找个工作乙的机会，让他的能力可以有所发挥。

◎ 裁员

某家公司即将被大企业合并，合并后，部门中配置的两名工程师将被缩编成一名；某家科技公司因为订单锐减，公司上层决定进行10%的裁员；某家装修公司决定停止家庭装修业务，而主攻工程装修市场，拥有20年家庭装修经验的克雷却不擅长工程装修，而且，以他的年纪来说，期待他改变，似乎有点不太实际……

珺 安 点 评

在所有开除员工的理由中，裁员是主管们最不乐于见到的，尽管他们知道那不是他们的错或责任，他们只是在做自己分内的工作。裁员这种事通常没有任何预警。主管们把下属叫进办公室，然后告诉他这个晴天霹雳的消息。当然，为了让自己心安，有很多主管会采取更实际有用的方法——尽其所能地帮被裁的员工安排到别处工作，毕竟，这个人为公司贡献这么多，而这仅是主管唯一能帮忙的。

不过，我要说的是，在离职谈话中，主管要做的最重要的一件事情是，让每个被裁者在离开时，都还能保留自信。

想象一下这种感觉。如果明天你把下属叫进办公室，你告诉他："公司突然改了政策。所以，很抱歉，你的工作将不再存在。一直以来，我和高层都非常肯定你的表现和实力，我们也相信你很快就可以找到另一份工作，甚至可以找到一份比现在更棒的工作。如果你在找工作上需要我们帮忙的话，我们一定也会全力以赴。"

你说了这么多的"废话"，在下属听来只不过是一句"你被开除了"。不过幸运的是，员工是带着自信与希望离开，而不是带着羞辱。

珺安小结

"你被开除了！"主管们经常把说这句话的责任交给别人去做。劝你千万不要这么做！当主管，有很多事情可以委任手下去做，但是绝对不可以是这件事。请务必牢记一句管理学上的金科玉律——如果是你雇用他，你就得亲自开除他。

如果你执意留住一个无法适应公司的下属，从长期来看，这样做不仅会伤害你的公司，还会对这个员工也造成伤害，就好像文中提到的高曼。所以，无论是为了你的发展还是为了你的下属的发展，你都应该尽早让他离开。

AFTERWORD 后记
这就是主管

主管，是一个管理人群的人。

从前面的章节中，我们透过检视与分析主管的管理技巧，看到了主管们成功与失败的原因。这些主管因为同情心、耐心、智慧、自制力及勇气而成功；也因为经验不足、忽略员工、不宽容，以及害怕环境带来的阻力而失败。

然而，每个主管性格不同，所以管理方式也不一样。相信你会了解，即使你所遭遇的情况与书中的某个例子类似，你也不能去复制它的管理技巧。不管你遇到什么样的案例，你都会有也应该有自己独特的处事风格。

本书中的这些案例，旨在帮助你更深度地观察你的下属的做事方式，让你知道该在什么时候给他们鼓励，或者，只是让你可以更自在与自信地去运用你的管理技巧，让你成为最好的管理者。这些就是本书最重要的目的。